Reinhard Lehner

Pendeln –
kurz & praktisch

Herausgegeben von Gabriele Wälder

Reinhard Lehner

Pendeln –
kurz & praktisch

Verlag Hermann Bauer
Freiburg im Breisgau

Die Deutsche Bibliothek – CIP-Einheitsaufnahme

Lehner, Reinhard:
Pendeln – kurz & praktisch / Reinhard Lehner.
[Hrsg. von Gabriele Wälder]. –
1. Aufl. – Freiburg im Breisgau: Bauer, 1996
  (... – kurz & praktisch)
  ISBN 3–7626–1107–6

Die Reihe »... – kurz & praktisch« erscheint im
Verlag Hermann Bauer KG, Freiburg im Breisgau

Mit 11 s/w-Abb. und 16 Pendeltafeln

1. Auflage 1996
ISBN 3–7626–1107–6
© 1996 by Verlag Hermann Bauer KG, Freiburg im Breisgau
Einband: Ralph Höllrigl, Freiburg im Breisgau
Satz: Fotosetzerei G. Scheydecker, Freiburg im Breisgau
Druck und Bindung:
Freiburger Graphische Betriebe, Freiburg im Breisgau
Printed in Germany

Gedruckt auf chlorfrei gebleichtem Papier

Inhalt

Pendeltechnik

Anwendungsbereiche

Pendeltechnik

1 Einführung

Jeder aufgeschlossene Mensch kommt früher oder später auch einmal mit der Kunst des Pendelns in Kontakt. Bei den meisten, die die Schwelle der Skepsis gegenüber Neuem überschreiten und sich in der Pendelkunst versuchen, entzündet sich ein Funke, der nach den ersten Erfolgen meist zu einem Feuer wird, das ein Leben lang brennt. Für viele Menschen stellt die Auseinandersetzung mit dem Pendeln einen Einstieg in die Welt des Geistigen und Unbewußten, der neuen Erkenntnisse dar. Man begibt sich auf den Weg des intuitiven Erfahrens, man entdeckt Dinge, die ohne Pendel im Verborgenen blieben, erfährt mehr über sich, kann seinen Mitmenschen helfen, erkennt schließlich, was eigentlich im Leben bedeutend ist.

Das ist es auch, was die Faszination des Pendelns ausmacht. Man hat ein einfaches, aber vielfach einsetzbares Mittel in der Hand, um erstaunliche Dinge zu vollbringen. Sei es im Bereich der Heilkunde, um geeignete Heilmittel zu finden oder Diagnosen zu stellen, im Bereich der naturwissenschaftlichen Disziplinen wie Physik, Geologie, Archäologie, Meteorologie usw., in der Land- und Forstwirtschaft, der Psychologie, Charakterkunde, in Bereichen wie Geopathie, Bioenergetik und vielen anderen Gebieten. Der Pendel läßt sich nahezu in jedem Beruf, in jeder Disziplin hilfreich einsetzen, wobei die schönste Verwendung wohl darin liegt, Menschen zu helfen.

Wichtig ist zu bemerken, daß nicht der Pendel die Antwort auf Ihre Fragen gibt, sondern Sie selbst über Ihre unter- und überbewußten Schichten. Schon Johann Wolfgang von Goethe bezeichnete den Menschen als das genaueste aller Meßinstrumente. Beim Pendeln stellen Sie das Meßgerät bzw. den Empfänger dar, der Pendel nur den Zeiger. Beim Pendelvorgang selbst geht man in sich und stellt eine Frage. Als Antwort erhält man eine Pendelschwingung, die dann als Ja oder Nein interpretiert werden kann. Bei diesem Vorgang verbindet sich der Pendelpraktiker mit seinem Inneren, seiner Seele, seinem Überbewußtsein, wobei der Pendel dann als Kommunikationshilfe zwischen den Bewußtseinsebenen dient.

Goethe (auch er befaßte sich mit Pendel und Rute) war es wiederum, der den männlichen Artikel für den *siderischen* Pendel (von lat. sidera = Gestirne) einführte. Pendelpraktiker und Radiästheten verwenden seither für den siderischen Pendel einen anderen Artikel: »der« Pendel, um ihn vom physikalischen Pendel zu unterscheiden. Der Zusatz siderisch wird heute jedoch kaum mehr verwendet.

Zu Beginn der Pendeltätigkeit werden sich die meisten von Ihnen vermutlich die Frage stellen: »Wie funktioniert es?« Im Laufe der Zeit wurden einige Erklärungsversuche angestellt, wirklich zufriedenstellend kann diese Frage aber auch heute nicht beantwortet werden.

Der Ausdruck *Radiästhesie*, ein Überbegriff für die Arbeit mit Pendel und Rute, wurde erstmals von dem französischen Geistlichen Abbé Bouly verwendet. Radiästhesie leitet sich von dem lateinischen Wort »radius« (= Strahl) und dem griechischen Wort »aisthesis« (= fühlen, wahrnehmen) ab und bedeutet daher Strahlenfühligkeit. Diese Wortschöpfung beruft sich auf die Tatsache, daß sämtliche Lebewesen, Gegenstände und Materialien Strahlen bzw. Schwingungen abgeben. Diese Schwingungen werden vom Menschen wahrgenommen und über ein Hilfsmittel, nämlich Pendel oder Rute, zur Anzeige gebracht. Die Bewegung des Pendels könnte aus der Bioenergie, die über die Hände, speziell über die Fingerspitzen, abgegeben wird, oder auch aus feinen unwillkürlichen Muskelzuckungen in den Fingern resultieren. Diese Bioenergie kann mittlerweile mit Hilfe der Hochfrequenzfotographie (Kirlian) sichtbar gemacht werden. Wie der Mensch jedoch Schwingungen wahrnimmt, ist noch unklar. Als Empfänger auf körperlicher Ebene sind unter anderem das Nervensystem, das feinstoffliche System (Aura, Chakras), auch bestimmte Teile unseres Gehirns und der Thymus denkbar. Den Vorgang, bei dem der Mensch seine Strahlenfühligkeit gebraucht, nennt man auch *Muten*. Stellt sich Ihnen jetzt die Frage, wie denn auch eine in Gedanken formulierte Frage mit Hilfe des Pendels beantwortet werden kann? Auch Gedanken sind Schwingungen!

Die beste Antwort auf die Frage nach der Funktionsweise wäre wohl: »Es funktioniert!« Davon kann sich jeder selbst überzeugen. Viele anfängliche Skeptiker vergewisserten sich schließlich durch eigene Versuche und wurden so zu begeisterten Pendelpraktikern und Verfechtern dieser Methode.

Im Grunde genommen kann jeder Mensch pendeln, ein gewisses Maß an Sensitivität ist in jedem Menschen vorhanden. Es liegt an Ihnen selbst, diese Fähigkeiten zu entdecken und weiterzuentwickeln. Um Klavier zu spielen, muß man nicht Frédéric Chopin sein, um zu singen, nicht Luciano Pavarotti und um zu malen, nicht Rembrandt. Niemand ist von Beginn an ein Könner in seinem Fach. Durch Übung und Selbstvertrauen kann aber sicherlich aus jedem einzelnen ein guter Pendelpraktiker werden. Mitgebrachtes Talent, hier im Sinne von Sensitivität, ist natürlich sehr hilfreich, aber nicht unbedingt Voraussetzung für den Erfolg. Wenn sich daher beim ersten Pendelversuch nichts rührt, so ist das noch lange kein Grund zu verzweifeln. Vielen guten Pendelpraktikern erging es zu Beginn Ihrer Pendeltätigkeit ebenso. Genaueres zur Entwicklung und Steigerung Ihrer Pendelfähigkeit erfahren Sie an späterer Stelle in diesem Buch.

Pendeln ist eine uralte Praktik, deren Anwendung sich Jahrhunderte zurückverfolgen läßt. Im Laufe der Zeit haben sich die Anwendungsmöglichkeiten, besonders durch die moderne Pendelforschung und durch den Einsatz von Pendeltafeln, vervielfacht. Die Aufklärungsarbeit und Forschungstätigkeit bekannter Radiästheten wie Mermet, Candi, Mlaker, Straniak, Hartmann oder Purner haben dazu geführt, daß der mystische Hauch, der früher an der Pendelarbeit haftete, abgelegt werden konnte. Heute leben wir in einer Zeit der Wandlung, dem Beginn des Wassermannzeitalters. Was früher im Verborgenen blühen mußte, ist nun längst anerkannt. Unzählige Disziplinen konnten im allgemeinen Sog des geistigen Aufbruchs in den letzten Jahren aus ihrem Schatten treten. Beständig im Steigen begriffen ist auch die Zahl derer, die die Vorteile des Pendelns erkennen und in ihrem Leben hilfreich einsetzen. Mögen auch Sie viel Freude und viele positive Erfahrungen aus der Pendelpraxis schöpfen.

2 Pendelarten

Als Pendel läßt sich im Grunde genommen jeder Gegenstand verwenden, den man an einer Schnur befestigen kann. Im Notfall kann man ohne weiteres auch einen Ehering, einen Schlüssel oder einen Korken, den man an einen Faden bindet, als Pendel benutzen. Für den Dauergebrauch empfiehlt sich aber eher einer der vielen verschiedenen Pendel, die es zu kaufen gibt. Eine kleine Auswahl zeigt Ihnen die nebenstehende Abbildung. Ausschlaggebend für die Qualität des Pendels sind die Form, das Material, das Gewicht und die Aufhängung. Diese Faktoren sollten jedoch nicht überbewertet werden. Pendeln kann man wie gesagt mit jedem Pendel. Die gewissenhafte Auswahl eines Pendels nach diesen Kriterien kann lediglich die Pendelfähigkeit verbessern.

Form

Der *Ringpendel (1)* ist der klassische Notfallpendel. Sollten Sie einmal in die Situation kommen, in einer dringenden Angelegenheit ohne Pendel dazustehen, nehmen Sie einfach Ihren Ehering oder einen anderen Ring zur Hand, und funktionieren Sie ihn kurzerhand zum Pendel um!

Kugel- (2), Tropfen- (3), Mimosa- (4), Stäbchenpendel (5) und der *Kombinationspendel (6)* sind für Einsteiger und geübte Pendler gleichermaßen geeignet. Letzterer stellt zwei Pendel in einem dar. Durch Aufschrauben des unteren Teils kann man den oberen Normalpendel zum schwereren Geländependel erweitern. Bei Pendelkörpern mit spitz zulaufendem Ende sind die Ergebnisse bei der Tischarbeit besser ablesbar. Wenn Sie also viel mit Pendeldiagrammen oder Landkarten arbeiten, sollten Sie eventuell einem Pendel dieses Typs den Vorzug geben.

Zu den Pendeltypen 7, 8 und 9 wäre zu sagen, daß hier der Schwerpunkt verhältnismäßig tief liegt. Ein Pendel dieser Art ist schwieriger anzuwerfen als beispielsweise ein gleichgewichtiger Mimosapendel. Je tiefer der Schwerpunkt liegt, desto mehr Anfangsenergie wird benötigt. Solche Pendel sind daher eher für geübte Pendelpraktiker zu empfehlen. Der Pendel 9 ist zudem ein geschliffener *Mineralienpendel.* Bei Pendelkörpern dieser Art sollte man besonders auch auf die passende Materialwahl achten.

Der *Spiralpendel (10)* ist durch seine Bauweise ausgesprochen leicht. Aus der speziellen Form resultieren besonders weiche Pendelschwingungen; die metallene Spirale verstärkt zudem die aufgenommenen Energien. Ein Spiralpendel erfordert aufgrund seiner besonderen Schwingungseigenschaften eine gewisse Zeit der Eingewöhnung, ist danach aber für jeden gut geeignet.

Der *Mermet-Füllpendel (11)* weist zwei Besonderheiten auf: Zum einen besteht er aus einer abgestimmten Legierung verschiedener Metalle, zum anderen kann man in seinem Hohlraum Materialproben (z.B. Wasser, Gold) plazieren. Dadurch läßt sich der Pendel auf den gesuchten Stoff abstimmen, was die Suche erleichtert. Dem gleichen Zweck dient der *Füllpendel (12).*

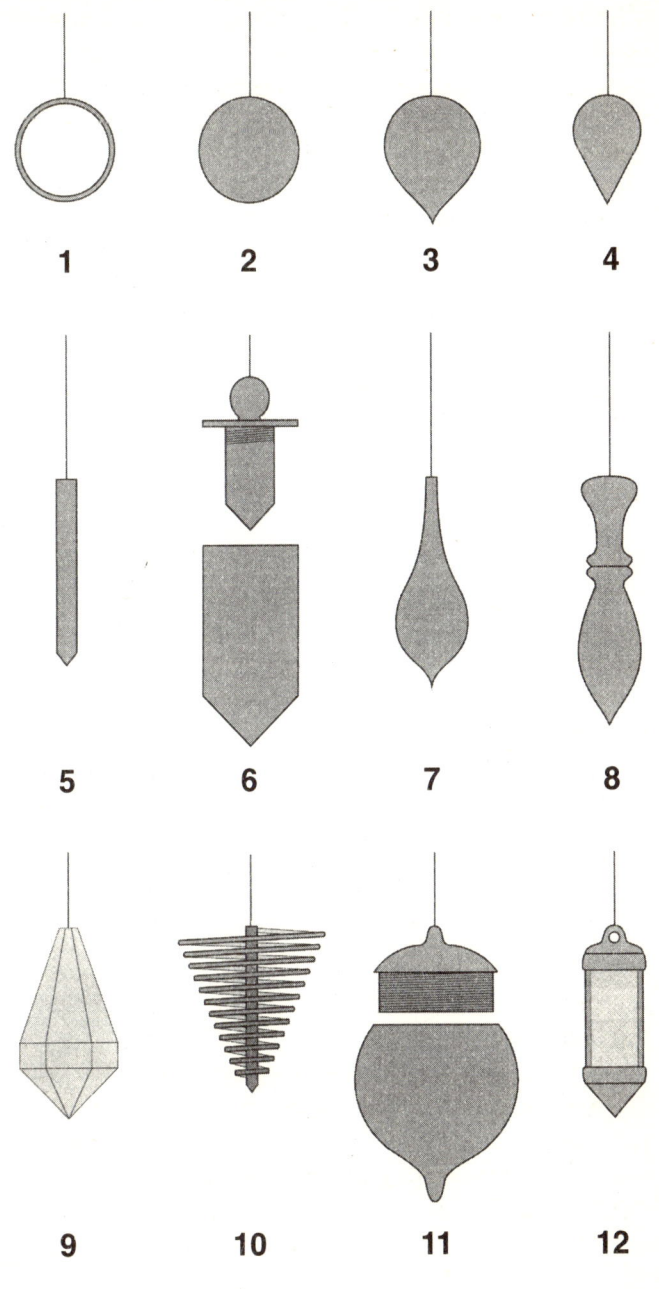

1 2 3 4

5 6 7 8

9 10 11 12

Material

Jedes Material hat seinen eigenen Charakter, seine eigene Schwingung. In der Edelsteintherapie wird dieses Charakteristikum zu Heilzwecken eingesetzt. Genauso wie Mineralien weisen auch Metalle und Hölzer spezifische Schwingungsmuster auf, die den Pendelvorgang beeinflussen können.

Messing ist das mit Abstand am meisten verwendete Material für den Pendelkörper, und dies aus gutem Grund. Es handelt sich bei diesem Metall um eine Legierung aus dem minuspoligen Kupfer und dem pluspoligen Zink, was ihm einen neutralen Charakter verleiht. Auch die Schwingungseigenschaften dieser beiden Metalle ergänzen sich ideal. Messing ist daher für alle Menschen gleich gut geeignet.

Oft verwendet werden auch Metalle wie *Kupfer, Silber, Gold* und *Chrom*. Diese Materialien weisen jedoch einen viel spezifischeren Charakter auf als Messing und sind daher nicht für alle Menschen gleich gut geeignet. Es kann vorkommen, daß der eine zum Beispiel mit einem Kupferpendel besonders gute Ergebnisse erzielt, der andere von Kupfer aber eher in seinen Bemühungen gebremst wird. Die Wirkung dieser Stoffe auf Sie und auf den Pendelvorgang sollten Sie aus diesem Grunde am besten vor Ort prüfen, bevor Sie sich für eines dieser Metalle entscheiden.

Pendelkörper aus *Holz* finden leider viel zu selten Verwendung. Die verschiedenen Holzarten lassen sich sehr schön dem eigenen Charakter entsprechend auswählen. Natürlich ist auch hier anzumerken, daß die verschiedenen Holzsorten nicht für alle Menschen gleich gut geeignet sind. Daher sollten Sie am besten zuerst ausgiebig experimentieren, bevor Sie sich festlegen.

Mineralienpendel sind wegen ihrer ausgeprägten Eigenschaften wohl die speziellsten Pendel und sollten daher mit großer Sorgfalt ausgesucht werden. Unter den vielen verschiedenen Mineralienarten finden meist *Bergkristall, Bernstein, Jade, Glas* und *Amethyst* Verwendung.

Gewicht

Leichte Pendel mit einem Gewicht bis zu 30 Gramm ziehen schnell an, sind aber in ihrer Bewegung recht unruhig. Schwerere Pendel (ab 50 Gramm) benötigen mehr Energie, um in Bewegung versetzt zu werden, und sind daher eher für fortgeschrittene Pendelpraktiker und für die Geländearbeit geeignet. Für den Beginn der Pendeltätigkeit würde ich ein Pendelgewicht von ca. 20 Gramm empfehlen. Wenn Sie auch an der Arbeit im Gelände (z.B. Erdstrahlensuche) interessiert sind, wäre noch ein zweiter Pendel von ca. 100 Gramm nützlich.

Aufhängung

Neben dünnen Fäden werden als Aufhängung für den Pendelkörper meist feine Kettchen verwendet. Kettchen sind stabiler und drehen sich beim Pendeln viel weniger als Fäden. Die Kettchenlänge sollte in einem angemessenen Verhältnis zum Pendelgewicht stehen. Für einen 20 g-Pendel sind Längen von 10 cm üblich, für einen schweren Geländependel von 150 g Gewicht wäre eine Kettchenlänge bis ca. 40 cm passend. Bei diesen Angaben handelt es sich um Maximalwerte, die eine gewisse Bandbreite der Grifflänge ermöglichen. In der Praxis kann man den Faden individuell auch kürzer nehmen.

3 Pendelzeichen

Grundsätzlich gibt es zwei Varianten, wie Sie über den Pendel die Antworten Ja oder Nein erhalten können.

Variante 1

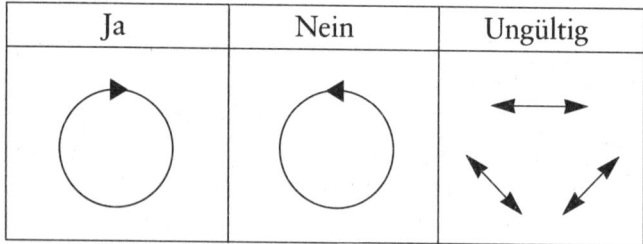

Ja	Nein	Ungültig

Bei dieser Variante erhalten Sie für das *Ja* ein Kreisen nach rechts im Uhrzeigersinn, für das *Nein* ein Kreisen gegen den Uhrzeigersinn. Die Antwort *Ungültig* erhält man, wenn die gestellte Frage nicht beantwortet werden kann (aufgrund einer unmöglichen Fragestellung) oder nicht beantwortet werden darf (wenn jemandem Schaden zugefügt werden könnte, z.B. durch einen Eingriff ins Karma). Sie erhalten dann einen von den Ja/Nein-Schwingungen abweichenden Pendelausschlag. Bei dieser Methode ist dies meist ein gerades Links-Rechts-Schwingen, genauso möglich sind aber auch die anderen unter »Ungültig« angeführten Pendelschwingungen.

Variante 2

Ja	Nein	Ungültig
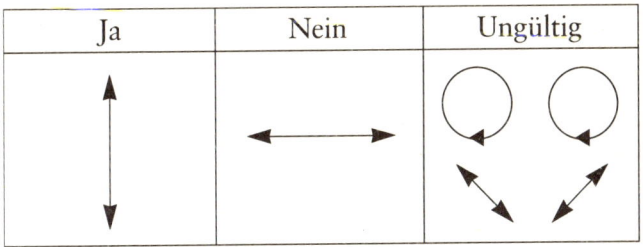		

Für das *Ja* erhalten Sie bei dieser Variante ein gerades Vor-Zurück-Schwingen, einem Kopfnicken entsprechend, für das *Nein* ein gerades Links-Rechts-
Schwingen, das einem Kopfschütteln gleichkommt.
Die Antwort *Ungültig* ist hier meist ein Pendelkreisen.

Für welche dieser beiden Methoden Sie sich entscheiden, liegt ganz an Ihnen. Sie können die Ent-
scheidung intuitiv oder bewußt treffen. Mit der ge-
troffenen Wahl vereinbaren Sie mit Ihrem Unbewußten den Code, die Sprache über die Sie fortan kom-
munizieren wollen. Eine andere Möglichkeit, die
passende Variante zu finden, wäre die folgende:

Nehmen Sie Ihren Pendel zur Hand. Versuchen
Sie, die Hand möglichst locker und doch ruhig
zu halten, und stellen Sie die Frage: Welches ist
das Zeichen für *Ja?* Der Pendel wird beginnen,
sich zu bewegen, und anschließend Ihre Antwortschwingung für *Ja* ausführen. Genauso
verfahren Sie mit den Antworten *Nein* und
Ungültig.

Besonderheit

Hin und wieder kann man folgende interessante Eigenheit beobachten: Manche Menschen erhalten umgekehrte Antwortschwingungen; d.h. als Ja-Antwort ein Linkskreisen bzw. ein Links-Rechts-Schwingen, als Nein-Antwort ein Rechtskreisen oder Vor-Zurück-Schwingen. Der Grund dieses Phänomens kann der Pendel selbst sein, wenn er aus einem für Sie ungeeigneten Material besteht. Läßt sich der Pendel als Ursache jedoch ausschließen, so ist derjenige vermutlich negativ gepolt. Keine Sorge, das ist kein Grund zur Beunruhigung, sondern lediglich eine Besonderheit, die bei ca. zehn Prozent aller Menschen, verstärkt bei Linkshändern, auftritt. Sie sollten das als gegeben betrachten und fortan mit diesen Antwortschwingungen arbeiten.

4 Erste Schritte

Dieses Kapitel soll Ihnen dabei helfen, erste prakti-
sche Erfahrungen zu sammeln und eine gewisse
Sicherheit im Umgang mit dem Pendel zu erlangen.
Hier finden Sie grundsätzliche Informationen zur
Pendeltechnik und einige Übungen, die behutsam an
die Arbeit mit dem Pendel heranführen.

Pendelhaltung

Die gebräuchlichsten Arten, den Pendel zu halten,
ersehen Sie aus der Abbildung. Meist wird der Faden
wie in der linken Darstellung zwischen Daumen und

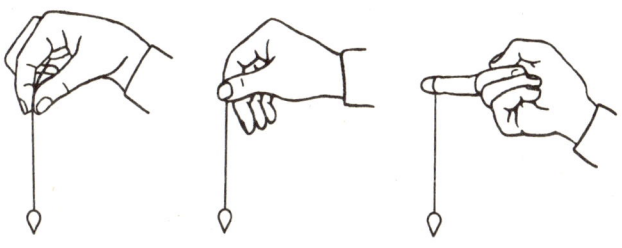

Zeigefinger gehalten. Genauso sind aber auch andere
Varianten möglich. Experimentieren Sie am besten
mit den verschiedenen Möglichkeiten, und entscheiden Sie sich dann für die ansprechendste. Den Arm
kann man mit dem Ellbogen aufstützen, um die
Hand ruhiger zu stellen, oder auch frei halten –
wiederum eine Frage der persönlichen Vorliebe.

Erste Erfahrungen

Gehen Sie an die nachfolgenden Übungen möglichst locker, ruhig und ohne Erfolgszwang heran. Es handelt sich in diesem Kapitel um einfache Übungen, die Ihnen ein Gefühl für den Pendel, für seine verschiedenen Reaktionen und Bewegungen vermitteln. Jeder Mensch hat seine ganz persönlichen Stärken und Schwächen, was sich natürlich genauso beim Pendeln zeigt. Sie werden daher vermutlich nicht in jedem Bereich gleich gute Ergebnisse erzielen. Der eine hat eine besondere Begabung, Heilmittel zu finden, der andere kann besonders gut mit Pflanzen umgehen. Sollte eine der Übungen dementsprechend nicht nach Wunsch klappen, lassen Sie sich dadurch nicht entmutigen, sondern gehen Sie einfach zur nächsten über. Sie erinnern sich sicher noch an Ihre Kindheit – versuchen Sie mit der Neugier und Unbekümmertheit eines Kindes spielerisch an diese ersten Übungen heranzugehen.

Der Mensch besitzt in der Körpermittellinie sieben kreisende Energiezentren, die Hauptchakras. Ferner gibt es noch Nebenchakras, von denen sich zwei in der Mitte der beiden Handflächen befinden. Die nachfolgenden Ausführungen gelten für Rechtshänder, Linkshänder sollten die Seiten jeweils vertauschen. Drehen Sie die linke Hand mit der Handfläche nach oben, und halten Sie Ihren Pendel knapp darüber. Warten Sie dann ab, was passiert. Der Pendel wird langsam beginnen, sich im Einklang mit dem Energiewirbel des Handchakras zu bewegen.

Hat es funktioniert? In welche Richtung hat Ihr Pendel gekreist? Bei Frauen sollte sich über der linken Hand ein Linkskreis (gegen den Uhrzeigersinn) ergeben, bei Männern ein Rechtskreis.

Sie haben sicher einige Zimmerpflanzen zu Hause. Versuchen Sie doch einmal, diese mit Hilfe Ihres Pendels zu untersuchen. Jede Pflanze hat ein eigenes Schwingungsfeld, das man mit dem Pendel erforschen kann. Nehmen Sie Ihren Pendel, und halten Sie ihn in geringem Abstand über die jeweilige Pflanze. Warten Sie geduldig, bis sich eine Pendelbewegung einstellt. Es können sich die unterschiedlichsten Pendelbewegungen, wie Ellipsen, Kreise oder gerade Schwingungen, ergeben. Wenn Sie mehrere Pflanzen untersuchen, werden Sie feststellen, daß die verschiedenen Pflanzen unterschiedliche Schwingungsbilder erzeugen. Auch lassen sich Analogien in den Schwingungsbildern von Pflanzen der gleichen Gattung erkennen. Experimentieren Sie, solange es Ihnen Spaß macht.

Die Antwortschwingungen Ja und Nein stehen analog auch für Positiv und Negativ, Yang und Yin, Männlich und Weiblich oder Sympathie und Antipathie. In diesem Fall wollen wir den positiven und den negativen Pol einer herkömmlichen Stabbatterie untersuchen. Diese sollte, wenn möglich, nicht entladen sein. Halten Sie die Batterie waagrecht, und bringen Sie Ihren Pendel nahe zum Pluspol. Warten Sie so lange, bis sich eine Pendelbewegung ergibt.

Das gleiche versuchen Sie anschließend am Minuspol. Hier sollte sich ein Linkskreisen ergeben, am Pluspol ein Rechtskreisen. Mit etwas Erfahrung läßt sich aus der Größe des Kreises sogar der Ladezustand der Batterie ablesen.

Bei diesen ersten Übungen haben Sie noch keine Frage gestellt, sondern Ihren Pendel in ein eigenes oder fremdes Energiefeld gebracht und so eine Pendelbewegung erzielt. Es handelt sich dabei sozusagen um passives, physikalisches Pendeln. Beim aktiven, geistigen Pendeln stellt man eine Frage – entweder in Gedanken oder auch laut. Der Pendelprozeß findet dabei hauptsächlich im mentalen Bereich statt. Aus diesem Grund ist man beim geistigen Pendeln auch viel empfänglicher für bewußte und unbewußte Einflüsse. Diese möglichen Einwirkungen und Impulse gilt es besonders anfangs zu beachten.

Anfangshürden

Die beiden am häufigsten auftretenden Hemmnisse zu Beginn der Pendeltätigkeit sind einerseits mangelndes Vertrauen in die eigenen Fähigkeiten und andererseits die bewußte Beeinflussung des Pendelergebnisses. Man sollte versuchen, beide Hindernisse gleich zu Beginn aufzulösen.

Manche Menschen hegen tief im Innersten Zweifel an ihren Fähigkeiten oder an der Sache selbst, suggerieren sich, oft unbewußt, »Ich kann es nicht«. Damit baut man unnötige innerliche Blockaden auf. Diese Gedankenmuster können sogar so weit führen, daß der Pendel überhaupt keine Reaktionen zeigt und einfach stillsteht. Der Unterschied zwischen den

Begabten, die sofort Ergebnisse erzielen, und den vermeintlich Unbegabten, deren Pendel sich nicht rührt, liegt in den meisten Fällen lediglich in dieser inneren Blockade. Das muß nicht so bleiben, negative Gedankenmuster lassen sich auflösen. Ersetzen Sie solche Autosuggestionen durch neue positive Gedankenmuster. Diesem Zweck dienen Affirmationen, positive, bestärkende Schlüsselsätze. Wenn Sie eine Affirmation immer wieder rezitieren, wird dies schließlich mit der Zeit zu einer neuen zuversichtlichen Einstellung führen. In unserem Fall wäre etwa die Formel: »Ich vertraue vollkommen auf meine Fähigkeiten« hilfreich. Als Abschluß könnte man noch den Satz: »Ich bin voller Energie« anwenden. Am wirksamsten sind solche Affirmationen, wenn man sie mit einer positiven Einstellung und in einem entspannten Zustand, etwa abends vor dem Einschlafen, spricht. Man nimmt dann die Suggestionen in die Schlafphase mit, was den Zugang zum Unbewußten und somit die Wirkung stark verbessert.

Mit Sicherheit gibt es keinen Grund, an der persönlichen Pendelfähigkeit zu zweifeln: jeder Mensch kann pendeln!

Der dritte oft vorkommende Hemmschuh ist die große Erwartungshaltung, die man besonders am Anfang der Pendeltätigkeit einnimmt. Man möchte unbedingt Resultate sehen und beeinflußt sich selbst durch diverse, die Antwort betreffende Vorstellungen. In Gedanken tendiert man zu einem bestimmten Resultat und verliert dann leicht die Konzentration auf die Sache, was sich umgehend auf die Pendelantwort auswirkt. Kurz gesagt: wenn Sie »Ja« denken, wird Ihnen der Pendel genau diese Antwort geben. Ob dieses Ergebnis dann auch richtig ist, bleibt dem Zufall überlassen. Versuchen Sie daher, soweit möglich, den Gedankenfluß abzuschalten, und warten Sie geduldig, bis sich eine Antwort einstellt. Auf kei-

nen Fall sollte man ein Ergebnis gedanklich vorweg-
nehmen! Die nächste Übung hilft Ihnen dabei, die
Selbstbeeinflussung aufzuheben, Sie können die Ergebnisse nämlich gleich auf Richtigkeit überprüfen.

Diese Übung ist eine Erweiterung zur vorhergehenden. Nun sollen Sie den Plus- und Minuspol der verborgenen Batterie ermitteln. Dazu
benötigen Sie einen kleinen undurchsichtigen
Plastikbehälter, am besten eine kleine Filmdose
oder Schachtel, und eine Stabbatterie. Die Batterie geben Sie oder eine Vertrauensperson in
die Dose, wobei Sie nicht erkennen sollen, wie
die Batterie zu liegen kommt, und verschließen
den Behälter.

Anschließend versuchen Sie, mit Hilfe des
Pendels festzustellen, wo der Pluspol und der
Minuspol liegen. Sie halten Ihren Pendel wieder knapp über den Behälter und stellen die
Frage: »Welcher Pol befindet sich hier?« Danach können Sie die Dose öffnen und Ihr Ergebnis auf Richtigkeit überprüfen. Diesen Vorgang wiederholen Sie am besten häufiger, um
Ihre Fertigkeit zu trainieren. Natürlich können
sich auch Fehlergebnisse einstellen, was meist
an der zuvor besprochenen Selbstbeeinflussung
liegt. Mit etwas Übung kann man diesen Faktor aufgrund der Überprüfbarkeit aber weithin
ausschalten, so daß sich schließlich gänzlich
oder beinahe fehlerfreie Resultate einstellen.

Einstimmen

Ein großer Teil der Pendelpraktiker stimmt sich auf das Pendeln ein, bereitet sich durch bestimmte Techniken darauf vor. Ziel dabei ist, in einen für den Pendelvorgang idealen körperlichen wie seelischen Zustand zu gelangen. Im Laufe der Pendelpraxis hat hier jeder sein eigenes kleines Ritual entwickelt. Die Palette reicht vom einmaligen kurzen Durchatmen über meditative Vorbereitungen bis zu komplexen Vorbereitungszeremonien. Mit wachsender Erfahrung wird sich die nötige Dauer des Einstimmens sicher stark reduzieren. Eine kurze individuelle Einstimmung ist jedoch in jedem Fall sinnvoll. Einige zweckmäßige Ansätze möchte ich kurz vorstellen.

Bewußtes, ruhiges und tiefes Atmen führt einerseits zu innerer Ruhe und bewirkt andererseits auch eine Aufladung mit Lebensenergie, beides Dinge, die sich unbedingt positiv auf die nachfolgende Pendelarbeit auswirken.

Wenn Sie Erfahrung mit Meditationen haben, greifen Sie am besten auf Ihre gewohnten Übungen zurück. Jede Art von Meditation, die zu seelischer und physischer Ruhe führt, eignet sich bestens.

Manche Pendelpraktiker gehen beim Einstimmen in sich und wenden sich an Gott oder an ihr höheres Selbst, um geistige Führung zu erbitten.

Das Visualisieren einer Energieaufladung ist ebenfalls sehr effektiv. Stellen Sie sich bildhaft vor, wie ein Energiefluß (weißes Licht) von oben in Ihr Scheitelchakra eintritt und Sie auflädt.

Das leichte Beklopfen der Thymusdrüse, die sich hinter dem oberen Teil des Brustbeins befindet, führt auf den ersten Blick bei Beobachtern vielleicht zu spontaner Heiterkeit, aktiviert aber erfolgreich dieses Organ. Dem Thymus wird in der Kinesiologie eine zentrale Rolle im Zusammenhang mit der Lebensenergie zugewiesen.

Grundsätzlich kann jede Technik, die zu geistiger und körperlicher Entspannung führt oder das Energieniveau hebt, verwendet werden. Im Alltag beispielsweise hat jeder Mensch eigene Wege, sich zu entspannen. Auch diese persönlichen Methoden eignen sich sehr gut zur Einstimmung auf das Pendeln.

Pendelvorgang

Beim Pendelvorgang schließlich richtet man seine ganze Aufmerksamkeit auf die Aufgabe, die es zu lösen gilt. In dieser Konzentration sollte man sich durch keine äußeren Ablenkungen beeinflussen lassen. Noch wichtiger ist es, keine inneren gedanklichen Beeinflussungen zuzulassen. Mutmaßungen bezüglich der Antwort müssen unbedingt vermieden werden. Man sollte auf die Aufgabe zentriert sein und der Antwort gegenüber eine vollkommen offene Erwartungshaltung einnehmen. In dieser geistigen Einstellung stellen Sie dann in Gedanken oder auch laut Ihre Frage. Der Fragestellung folgt eine abwartende, neutrale Haltung. Als Antwort wird sich eine entsprechende Pendelschwingung einstellen.

Ungeübte neigen oft dazu, bereits die leisesten Pendelzuckungen als Antworttendenz zu interpretieren. Das Resultat wird dadurch vorschnell in eine bestimmte Richtung gezwungen. Warten Sie geduldig, bis sich eine konstante Antwortschwingung einstellt. Es kann vorkommen, daß der Pendel eine bestimmte Schwingung einzunehmen scheint, das endgültige Resultat letztlich aber anders ausfällt. Vorsicht daher mit voreiligen Schlüssen!

Grundsätzlich sollten Sie danach trachten, Blickkontakt zu dem zu prüfenden Objekt zu halten, wenn es sich in Ihrer Nähe befindet. Fixieren Sie während des gesamten Pendelvorgangs den betreffenden Gegenstand mit Ihren Augen.

Wenn es die Aufgabe erlaubt, projiziert man in Gedanken ein Bild der Thematik. Die bildhafte, gedankliche Vorstellung ist ein überaus wirksames Mittel, das Unbewußte anzusprechen. Wenn Sie daher einen bestimmten Gegenstand suchen, bilden Sie sich beim Suchvorgang ein möglichst genaues gedankliches Bild davon. Bei der Wassersuche beispielsweise stellt man sich, so realistisch als möglich, fließendes Wasser vor.

Fragestellung

Ein sehr wichtiger Punkt des Pendelvorgangs ist die Fragestellung. Achten Sie auf eine möglichst präzise formulierte Frage. Je genauer Sie die Frage stellen, desto klarer fällt die Antwort aus. Die Frage: »Kann ich dieses Nahrungsmittel essen?« ist nämlich immer mit Ja zu beantworten. Richtig wäre z.B. die Formulierung: »Ist es für mich gesund, dieses Nahrungsmittel zu essen?« Die Frage sollte natürlich grundsätzlich so gestellt sein, daß sie mit Ihrem Ja/Nein-Antwortsystem beantwortet werden kann. Zur nötigen Genauigkeit trägt auch eine möglichst kurz gefaßte Frage bei. Lange, verschachtelte Fragesätze wirken sich eher nachteilig aus. Von Vorteil ist ebenso eine positive Formulierung der Problemstellung. Wenn Sie etwa wissen wollen, ob ein bestimmtes Nahrungsmittel noch genießbar ist, so fragen Sie nicht: »Ist dieses Nahrungsmittel verdorben?«, sondern positiver und präziser formuliert: »Ist dieses Nahrungsmittel für mich genießbar und gesund?«

Mit dieser Übung können Sie Getränke, die Sie oft zu sich nehmen, auf ihre gesundheitliche Qualität überprüfen. Dazu benötigen Sie verschiedene Getränke, wie z.B. Leitungswasser, Mineralwasser, Fruchtsaft, Limonade, Kaffee, Bier, Wein, Schnaps, was immer Sie gerade zur Hand haben.Diese Getränke stellen Sie in einer Reihe vor sich auf. Während der Fragestellung können Sie sich gedanklich auf das jeweilige Getränk konzentrieren oder besser das Glas oder die Flasche in die Hand nehmen. Testen Sie dann jede einzelne Flüssigkeit mit der Frage: »Ist dieses Getränk gesund für mich?« Sie werden vermutlich einige positive und einige negative Antworten erhalten. Auf diese Weise läßt sich einfach feststellen, welche Getränke Sie vermehrt genießen und welche Sie vermeiden sollten.

Als Erweiterung zur vorhergehenden Übung können Sie auch noch feststellen, welches der geeigneten Getränke das beste für Sie wäre. Nehmen Sie alle Getränke, bei denen Sie eine positive Antwort bekommen haben, und stellen Sie sie im Halbkreis auf. Zur Lösung der Aufgabe haben Sie nun zwei Möglichkeiten: Sie können die vor Ihnen stehenden Flüssigkeiten einzeln mit der Frage: »Ist dies das gesündeste Getränk für mich?« austesten oder jene Methode verwenden, die auch bei Pendeldiagrammen gebraucht wird. Für die letztere Variante halten Sie Ihren Pendel vor die aufgestellten Behälter und stellen die Frage: »Welches

dieser Getränke ist das gesündeste für mich?«
Der Pendel wird beginnen, in Richtung eines
Getränks zu schwingen, gewissermaßen darauf
zu zeigen. Diese Variante ist zeitsparender und
effektiver als die Einzelabfrage. Genaueres zu
diesem Antwortsystem finden Sie im Kapitel
Arbeit mit Pendeldiagrammen.

5 Worauf man achten sollte

Der Einfluß der Emotionen

Die Selbstbeeinflussung beim Pendeln und den richtigen Umgang damit haben wir bereits im vorigen
Kapitel angesprochen. Ein Faktor kann diesen Einfluß noch erheblich steigern – Gefühle. Wenn Sie
Nahrungsmittel testen oder Wasseradern suchen,
wird meist nicht sehr viel Emotionales im Spiel sein.
Anders sieht die Sache aus, wenn Sie beispielsweise
die Gesundheit eines Freundes überprüfen wollen.
Wenn man vielleicht vor der Aufgabe steht, zu ermitteln, ob die eigene Mutter Krebs hat, wird es recht
schwierig, sich nicht selbst bei der Antwort zu beeinflussen. Man wünscht sich ja von ganzem Herzen,
daß dies nicht der Fall ist. Grundsätzlich ist es immer schwieriger, für liebe Freunde und Verwandte zu
pendeln als für weniger gut bekannte Menschen.

Eine Möglichkeit, derart verursachte Fehlresultate
zu vermeiden, wäre, die gestellte Frage in einem
möglichst monotonen Tonfall zu halten. Denken Sie
an das litaneihafte Beten des Rosenkranzes in der
Kirche. Genauso gehen Sie bei der Fragestellung vor.
Rezitieren Sie in Gedanken monoton dieselbe Frage
immer wieder aufs neue. Auf diese Weise hat man
gar nicht die Gelegenheit, gedanklich abzuschweifen
und Emotionen hochkommen zu lassen.

Eine weitere Möglichkeit wäre, jede erhaltene
Antwort routinemäßig zu überprüfen. Viele Pendelpraktiker kontrollieren jedes erhaltene Resultat mit
der Frage: »Ist dieses Ergebnis richtig?« Wenn man

dies einige Zeit gewissenhaft praktiziert, dann wird diese Überprüfung zur Gewohnheit, die man ganz automatisch durchführt. So ist es dann weitaus einfacher, zumindest bei der Kontrollfrage, Emotionen zu vermeiden.

Problemursachen und ihre Behebung

Probleme können Sie daran erkennen, daß Sie plötzlich Schwierigkeiten haben, eine Pendelantwort zu erzielen, oder auch ungewöhnlich häufig Fehlresultate erhalten. Die Ursachen dafür können sehr vielfältiger Natur sein. Vor allem ungeübte Pendelpraktiker sind meist sehr offen für die vielen Einflüsse während des Pendelns. In der untenstehenden Aufstellung finden Sie die häufigsten problemverursachenden Faktoren. Betrachten Sie die angeführten Punkte jedoch eher als Anregungen denn als Vorschriften. Keineswegs müssen alle diese Punkte beim Pendelvorgang beachtet werden. Die beeinflussenden Faktoren sind für jeden Menschen unterschiedlich. Sollten Sie einmal Probleme beim Pendeln haben, so gehen Sie am besten die einzelnen Punkte durch, und versuchen Sie herauszufinden, welche Ursache in Frage kommen könnte. An der Verbesserung beim Pendelvorgang erkennen Sie dann, ob Sie die entscheidenden Einflüsse gefunden haben.

- *Vertrauen* Sie auf die Sache und auf sich selbst.
- Jegliche *Störung von außen* sollte vermieden werden. Suchen Sie für das Pendeln einen möglichst ungestörten, ruhigen Platz auf.
- Fühlen Sie sich körperlich oder seelisch *unwohl*, sind Sie verärgert, nervös, niedergeschlagen oder erschöpft, sollten Sie das Pendeln besser unterlassen und auf einen anderen Zeitpunkt verschieben.

• Mangelnde *Konzentration* führt sehr häufig zu Fehlern. Durch die zahlreichen Sinneseinflüsse in der heutigen Zeit (Lärm, Fernsehen usw.) kommt es bei vielen Menschen zu einer Überreizung. Daraus resultieren Konzentrationsmängel. Auch ein reger innerer Dialog kann die Konzentration stören.

In diesem Fall kann folgende Konzentrations-übung helfen: Konzentrieren Sie sich vollkommen auf Ihre Atmung. Atmen Sie bewußt und tief. Bei jedem Einatmen sagen Sie sich in Gedanken *ein*, bei jedem Ausatmen *aus*, immer wieder *ein* und *aus*. Ihr innerer Dialog bzw. das Gedankenchaos erhält dadurch keine Gelegenheit in Gang zu kommen, Sie sind vollkommen auf Ihre Atmung konzentriert. Später können Sie versuchen, das begleitende *Ein* und *Aus* abzustellen und sich gänzlich auf die Atmung zu konzentrieren. Sollte der Gedankenfluß wieder durchbrechen, rezitieren Sie wiederum Ihren Text wie zuvor. Diese Atemübung sollten Sie mindestens fünf Minuten durchführen. Alternativ kann man mit jedem Atemzug natürlich auch zählen, z.B. von eins bis zehn und dann wieder von vorne beginnen. In besonders schwierigen Fällen kann man versuchen, rückwärts zu zählen, was noch mehr Aufmerksamkeit erfordert und so dem Gedankenfluß keinen Raum läßt.

• Durch mangelndes *Vorstellungsvermögen* kann die Verbindung zum Unbewußten zu schwach ausgeprägt sein.

Diese Fähigkeit kann man sehr gut trainieren: Nehmen Sie einen beliebigen Gegenstand zur Hand, zum Beispiel eine Orange. Sehen Sie diese Orange einige Zeit genau an. Schließen Sie dann die Augen, und visualisieren Sie diese Orange möglichst genau in Farbe und Form vor Ihrem inneren Auge. Wenn Sie das gedankliche Bild verlieren, öffnen Sie die Augen und prägen sich die Orange erneut ein. Wiederholen Sie diesen Vorgang, bis sich ein beständiges, genaues gedankliches Bild einstellt.

• *Metallgegenstände* wie Uhren, Ringe und anderer Schmuck können sich störend auswirken. Entfernen Sie diese, bevor Sie zu pendeln beginnen.
• Nicht jede *Tageszeit* ist für das Pendeln gleich gut geeignet. Jeder Mensch hat seinen eigenen Tagesrhythmus, auf den man beim Pendeln Rücksicht nehmen sollte. Versuchen Sie dementsprechend, günstige Zeiten in Ihrem Tagesablauf zu finden.
• In *Gegenwart von Zuschauern* kann es manchmal recht schwierig sein zu pendeln, besonders dann, wenn es sich dabei um Menschen handelt, die dem Pendeln eher skeptisch gegenüberstehen. Die überspringende Energie der Gedanken kann den Pendelpraktiker und damit das Ergebnis beeinflussen.

Sie können sich vor diesem Gedankeneinfluß schützen, indem Sie folgendes visualisieren: Stellen Sie sich bildhaft vor, wie Sie sich in eine braune Kutte kleiden. Wichtig ist dabei die schützende Farbe braun; beachten Sie dies beim Visualisieren genau. Der braune Stoff sollte Sie vollkommen umschließen. Die Kutte behalten Sie in Gedanken so lange an, bis Sie das Pendeln abgeschlossen haben. Durch diesen Vorgang kann man sich vor jeglichem geistigen Einfluß schützen.

- Wenn Ihre Pendelschwingung sehr schwach ausfällt, sollten Sie eventuell auf *Blickkontakt* zum Pendelkörper achten. Wenn Sie den Pendel während des Pendelvorgangs anschauen, erhalten Sie raschere Antwortschwingungen.
- Beim Pendelvorgang sollten beide *Füße auf dem Boden* stehen, die Beine nicht überkreuzt sein.
- *Kalte Hände* können den Pendelvorgang hemmen und sogar blockieren. Achten Sie daher auf ausreichende Wärme.
- Ein *geopathogen belasteter Arbeitsplatz* kann Sie beim Pendeln behindern. Untersuchen Sie die Stelle, an der Sie mit dem Pendel arbeiten, auf Erdstrahlen. Wie Sie dabei vorgehen können, erfahren Sie im Kapitel *Erdstrahlen*.
- *Fading* nennt man jenes Phänomen, das meist vor und während eines Gewitters, aber auch bei bestimmten Gestirnskonstellationen in Erscheinung treten kann. Dabei kommt es zu einer atmosphärisch bedingten, zeitlich begrenzten, vollkommenen Blockade der Pendelfähigkeit. In diesem Fall versagt Ihnen der Pendel jegliche Antwort, es rührt sich einfach gar nichts mehr. Dieses Fading dauert in der Regel jedoch nicht sehr lange an; warten Sie daher einen günstigeren Zeitpunkt ab.

Reinigen des Pendels

Mit Reinigung ist hier nicht die herkömmliche Ent-
fernung von Verunreinigungen gemeint, sondern das
Entfernen von Störschwingungen, die an Ihrem Pendel haften können. Solche unerwünschten Schwingungen werden bisweilen durch eine Person, der Sie
Ihren Pendel überlassen haben, oder durch die Lage-
rung an Störstellen auf Ihr Instrument übertragen.
Das kann dann unerwartet zu Schwierigkeiten beim
Pendeln und häufigen Fehlergebnissen führen. Es ist
daher sinnvoll, den Pendel ab und zu von diesen
Fremdschwingungen zu reinigen. Eine Möglichkeit
wäre, den Pendel unter fließend kaltem Wasser zu
spülen. Auch das mehrmalige Abstreifen des Geräts
mit der offenen Hand ist für diesen Zweck geeignet.

Reinigen von pathogenen Schwingungen

Bei der Arbeit mit dem Pendel begibt man sich auch
oft auf die Suche nach krankmachenden Schwingungen, in der Geopathie etwa bei der Suche nach Erdstrahlen. Bei diesen Nachforschungen stellt man sich
auf die krankmachenden Schwingungen ein, begibt
sich gewissermaßen in Resonanz zu deren Muster,
was dazu führen kann, daß diese nach abgeschlosse-
ner Arbeit an einem haften bleiben. Man sollte danach trachten, diese Schwingungen anschließend
auch wieder abzulegen. Diesem Zweck dient die folgende Praktik.

Heben Sie langsam beide Arme so hoch als
möglich, und atmen Sie dabei tief ein. Lassen
Sie dann die Arme fallen, und geben Sie gleich

37

zeitig die gesamte Atemluft mit einem Stoß wieder ab. Während dieses Vorgangs schütteln Sie die Arme. Stellen Sie sich vor, wie Sie über das Armeschütteln und Ausatmen alle negativen Schwingungen von sich abwerfen. Diese Übung wiederholen Sie, bis Sie sich schließlich befreit fühlen.

6 Techniken zur Steigerung
   der Sensitivität

Mit Sensitivität bezeichnet man den Grad der radi-ästhetischen Empfindsamkeit des einzelnen. Die Aus-prägung dieser Fühligkeit ist individuell unterschied-lich. Manchen wurde sie sozusagen in die Wiege ge-legt. Menschen, deren Grundsensitivität nicht sehr stark ausgeprägt ist, haben jedoch genügend Mög-lichkeiten, sie zu verbessern. Der Grad dieser Fähig-keit ist von vielen Faktoren der persönlichen Ent-wicklung, wie z.B. der Erziehung, der Ernährung oder der seelischen und körperlichen Verfassung abhän-gig. Ein gewisses Maß an Sensitivität ist jedoch in jedem Menschen vorhanden. Das ist der Punkt, an dem man ansetzen kann. Die vorhandene Sensitivität läßt sich, wie die meisten anderen Fähigkeiten auch, durch Übungen und verschiedene Techniken verbes-sern. Neben der intensiven praktischen Übung mit dem Pendel selbst sind im allgemeinen alle Techni-ken, die ein energetisches, geistiges oder körperliches Ungleichgewicht harmonisieren oder die Konzentra-tion fördern, für diesen Zweck geeignet. Wenn Sie solche Übungen bereits kennen, greifen Sie einfach auf Ihren Erfahrungsschatz zurück.

Nachfolgend finden Sie eine kleine Auswahl der-artiger Techniken. Natürlich müssen Sie nicht jede einzelne Übung praktizieren, picken Sie einfach eine oder mehrere Sie persönlich ansprechende Praktiken heraus. Wichtig für den Erfolg ist eine gewisse Regelmäßigkeit und Konsequenz. Je öfter und gewis-senhafter Sie eine Übung praktizieren, desto intensi-ver fällt der gewünschte Effekt aus.

Meditative Übungen

Atmen Sie ruhig und gleichmäßig, und schliessen Sie die Augen. Nach einigen Atemzügen stellen Sie sich bildhaft vor, wie Sie mit jedem Einatmen strahlendes weißes Licht in sich aufnehmen.Versuchen Sie, diesen Energiefluß zu fühlen. Lassen Sie dieses Licht sich mit jedem Atemzug weiter ausbreiten, in die Lungenflügel, ins Herz, in den Kopfbereich, den Bauchraum, bis schließlich Ihr ganzer Körper, jede einzelne Zelle, von diesem Licht erfüllt ist. In diesem Zustand verbleiben Sie eine Weile.
Nach dieser energetischen Aufladung befindet man sich meist in einem seelischen wie körperlichen Hoch.

Oft sind es schwächende, im Unterbewußten wirkende Gefühle wie etwa Zweifel oder Mißtrauen, die die Pendelfähigkeit dämpfen. Diese Emotionen bewußtzumachen und auszugleichen kann die Sensitivität (unter anderem) entscheidend verbessern. Im Kapitel *Gefühle* finden Sie Pendeldiagramme, die Sie zur Bestimmung des blockierenden Gefühls verwenden können. Sollte es aufgrund einer starken Blockade nicht möglich sein, die betreffenden Emotionen zu erpendeln, so kann man statt dessen versuchen, ganz allgemein Emotionen an sich festzustellen, die belasten. Nachdem man die blockierenden Gefühle bestimmt hat,

sollte man diese durch entsprechende Affirmationen harmonisieren. Schlagen Sie dazu bitte
ebenfalls im angesprochenen Kapitel nach.

Diese Übung schult speziell die Fähigkeit des
Visualisierens und die Konzentrationsfähigkeit.
Visualisieren Sie einen kompletten Handlungs-
ablauf, in dem Sie selbst im Mittelpunkt stehen, spielen Sie die Hauptrolle im individuellen, imaginären Spielfilm. Stellen Sie sich bildhaft und räumlich eine Szene aus Ihrem Tagesablauf vor. Sehen Sie sich selbst beispielsweise
beim morgendlichen Aufwachen, Aufstehen, bei
der Körperpflege, beim Frühstück usw., Ihrer
Phantasie sind keine Grenzen gesetzt. Visualisieren Sie diese Szene möglichst detailliert und
realitätsnah. Achten Sie darauf, gedanklich nicht
aus der visualisierten Szene zu fallen, bleiben
Sie mit Ihrem ganzen Bewußtsein im Zentrum
des Geschehens. Die Intensität des imaginären
Ablaufs können Sie noch weiter steigern, indem Sie dem Ablauf Geräusche, Sprache und
Emotionen beigeben.

Kinesiologische Übungen

Die *Denkmütze* koordiniert die beiden Gehirnhälften, fördert gleichzeitig die Konzentrationsfähigkeit und führt allgemein zu einem Zustand der achtsamen Wahrnehmung. Bei dieser
Übung zieht man gleichzeitig an beiden Ohren
sanft mit Daumen und Zeigefinger am Ohrenrand von innen nach außen, wobei sich der
Ohrenrand gerade biegen sollte. Man beginnt
oben am Ohr und geht in kleinen Schritten bis
zum Ohrläppchen. Diesen Vorgang wiederholt
man am besten fünf- bis zehnmal.

Die Beschreibung der *Cook-Übung* sieht auf
den ersten Blick etwas kompliziert aus, die
Durchführung dieser Übung ist jedoch sehr zu
empfehlen. Wenn Sie die Anweisungen genau
beachten, haben Sie schnell den Dreh heraus.
Diese Übung führt zu einer energetischen, mo-
torischen und emotionalen Harmonisierung,
zusätzlich kommt auch die Atmung ins Gleichgewicht.
In der ersten Phase setzen Sie sich bequem auf
einen Stuhl und legen dabei das linke Bein an-
gewinkelt auf das rechte. Den linken Knöchel
umfassen Sie mit der rechten Hand, mit der
Innenfläche der linken Hand berühren Sie den
linken Fußballen. Dann schließen Sie die Augen,
atmen tief durch und entspannen sich. Beim
Einatmen sollte die Zungenspitze den Gaumen
berühren, beim Ausatmen sollte diese lose im

Unterkiefer liegen. Dies führen Sie etwa eine bis drei Minuten lang durch.

In der anschließenden zweiten Phase stellen Sie wieder beide Füße auf den Boden. Dann führen Sie die Fingerspitzen der beiden Hände zusammen. Atmen Sie dabei wie in der ersten Phase. Die Übungsdauer sollte ungefähr der vorausgegangenen Phase entsprechen.

Die *Gehirnknöpfe* sind in der Akupunktur die beiden Endpunkte des Nierenmeridians. Diese befinden sich links und rechts an der weichen Stelle im Winkel zwischen Schlüsselbein und Brustbein. Man massiert mit dem Daumen der einen Hand auf der einen Seite und dem Zeigefinger auf der anderen Seite die Gehirnknöpfe, während man gleichzeitig mit zwei Fingern der anderen Hand den Nabel massiert. Eine Dauer von etwa einer Minute sollte ausreichend sein. Diese Übung koordiniert die beiden Gehirnhälften und aktiviert diese energetisch. Des weiteren wirkt diese Übung positiv auf das Zusammenspiel der Augen; allgemein wird auch die Körperenergie in Fluß gebracht.

Die *Liegende Acht* ist eine Übung, die unter anderem beide Gehirnhälften aktiviert und koordiniert und zu verbesserter Zentrierung und Balance führt.

Strecken Sie als erstes den Arm der Hand, mit der Sie Ihren Pendel halten, in Kopfhöhe aus. Schwingen Sie mit dem ausgestreckten Arm, nach oben beginnend, liegende Achten, so groß als möglich, in die Luft. Bilden Sie etwa zehn Achten. Der Kreuzungspunkt der Achterschleife sollte sich genau vor Ihrer Nase befinden. Dasselbe tun Sie anschließend mit der anderen Hand. Als dritten Schritt legen Sie die beiden Handflächen zusammen und schwingen jetzt mit beiden Armen die liegende Achterschleife. Jeder der drei Schritte sollte etwa zehn Schleifen lang durchgeführt werden.

Die Fünf Tibeter

Bei den Fünf Tibetern handelt es sich um fünf uralte tibetische Riten, eine Folge von einfach durchzuführenden hocheffektiven Energieübungen. Die regelmäßige Durchführung dieser Körperübungen bringt die Lebensenergie wieder ins Gleichgewicht, die Chakras werden harmonisiert und mit ihnen auch das endokrine System angeregt. Näher auf die Fünf Tibeter einzugehen würde den Rahmen dieses Buches sprengen. Interessierte möchte ich auf das entsprechende Buch in der Literaturliste verweisen.

Sonstige Techniken

Recht gut geeignet ist auch die Yoga-Übung »Innehalten« (Nispanda Bhava). Dabei nehmen Sie eine bequeme Sitzhaltung ein, wobei Sie sich mit dem Rücken anlehnen und die Augen schliessen. Entspannen Sie alle Körperteile. Konzentrieren Sie sich dann vollkommen auf Ihr Gehör und alle Geräusche Ihrer Umgebung. Gehen Sie auf Distanz zu diesen Geräuschen. Lassen Sie diese als passiver Zuhörer auf sich ein

wirken. Eine Dauer von zehn Minuten wäre
für diese Übung empfehlenswert. Die Selbstbe-
obachtung wird dabei ebenso sensibilisiert, wie
auch Körper und Geist Entspannung erfahren.

Der Thymus, der laut behavioraler Kinesiologie nach Diamond eine zentrale Rolle im Hin-
blick auf die Lebensenergie spielt, läßt sich folgendermaßen aktivieren: Klopfen Sie zwei- bis
dreimal leicht auf das obere Brustbein, hinter
dem sich die Thymusdrüse befindet. Dies bewirkt eine vorübergehende Anregung dieses Organs und der Körperenergie, was sich wiederum
positiv auf die Pendelfähigkeit auswirkt.

Zum Abschluß dieses Kapitels noch zwei kleine Tips
aus der Praxis:

• Der Genuß eines Glases klaren Wassers vor Beginn des Pendelns wirkt sich unbedingt positiv
aus. Man bewirkt damit eine umgehende Steigerung der Lebensenergie. Wasser ist das Um und
Auf in unserem Körper, die meisten Lebensfunktionen sind an dieses Element gekoppelt. Symbolisch betrachtet bringt der Fluß des klaren Wassers
die Lebensfunktionen wieder ins Fließen.

• Wenn Sie Ihre freie Hand nicht anderweitig verwenden, versuchen Sie, sie während des Pendelns
flach auf Ihr Solarplexuschakra (zwei Finger breit
über dem Nabel) zu legen. Dieser Vorgang kann
die Sensitivität steigern, wie Sie am Antwortver-
halten Ihres Pendels erkennen können. Es dürfte
sich dabei um eine Art energetischen Kurzschluß
handeln, der das persönliche Energieniveau hält
bzw. anhebt.

7 Hilfsmittel und -methoden

Handsensor

Die beim Pendeln freie Hand kann sehr gut als Sensor zur Schwingungsaufnahme des zu prüfenden Objekts Verwendung finden. Durch den direkten Kontakt verstärkt man die auf das Objekt zentrierten Gedanken um eine mehr oder weniger physische Komponente. Wenn es Größe und Form des Gegenstandes erlauben, kann man ihn zu diesem Zweck in die Hand nehmen. Interessanterweise ist die Kontaktaufnahme noch intensiver, wenn man statt dessen das Objekt lediglich mit einem Finger berührt. Meist nimmt man dafür den Zeigefinger, der jedoch nicht ausnahmslos passend sein muß. Sollte der Zeigefinger als Sensor nicht geeignet sein, bestimmen Sie am besten mittels Pendel den passenden Finger. Beim Prüfen der einzelnen Finger stellen Sie die Frage: »Ist dieser Finger mein bester Sensor?«

Um einen direkten Vergleich zwischen der Arbeit mit und ohne Sensor zu erhalten, stellen Sie die gleiche Frage einmal unter Zuhilfenahme des Handsensors und einmal ohne diese. Fühlen Sie den Unterschied? Meist kommt die Antwort mit Sensorhilfe rascher und intensiver.

Hervorragend ist diese Hilfsmethode für die Arbeit mit Menschen geeignet. Eine besonders starke Verbindung erhält man, wenn man den Hilfesuchenden mit dem Fingersensor an einem der Chakras berührt. Das Chakra sollte dabei der zu untersuchenden Qualität entsprechen. Wenn Sie beispielsweise

den Gefühlszustand des betreffenden Menschen untersuchen wollen, bietet sich das Herzchakra an, bei
der individuellen Nahrungsmittelanalyse nimmt man
beispielsweise das Solarplexuschakra, dem auf körperlicher Ebene Verdauung und Stoffwechsel zugeordnet sind.

Eine weitere Möglichkeit wäre, was allerdings
nicht immer möglich ist, direkt den zu untersuchenden Körperteil zu berühren. Näheres zu dieser Variante wird im Kapitel *Medizinisches Pendeln* erläu-
tert.

In jedem Fall sollte man vorher abklären, ob der
betreffenden Person die Berührungen nicht unangenehm erscheinen! Man sollte auch niemals durch
Berührung verschiedener Körperbereiche den Anstand
verletzen. Wenn aus den angeführten Gründen eine
direkte Berührung nicht möglich ist, kann man statt
dessen die indirekte Variante des Handsensors verwenden. Dabei zeigt man mit einem entsprechenden
Abstand auf den Bereich, berührt ihn jedoch nicht.
Auch auf diese Art wird die Schwingungsempfindung verstärkt.

Kontaktaufnahme durch Visualisieren

Nicht immer kann die Person, für die Sie pendeln,
physisch anwesend sein. Wenn Ihnen der betreffende
Mensch persönlich bekannt ist, können Sie an Stelle
des physischen Kontaktes auch eine gedankliche
Verbindung schaffen, indem Sie die Person visualisieren. Formen Sie in Gedanken ein möglichst genaues Bild dieses Menschen. Während des Pendelvorgangs behalten Sie dieses Bild vor Ihrem inneren
Auge. Versuchen Sie auch, den betreffenden Menschen in die Fragestellung, beispielsweise durch Na-
mensnennung, mit einzubeziehen.

Verwendung von Fotografien

Auch Fotografien eignen sich bestens als Hilfsmittel zur geistigen Kontaktaufnahme. Verwenden Sie zu diesem Zweck ausschließlich Bilder, auf denen die betreffende Person allein abgebildet ist. Bevor Sie zu pendeln beginnen, sollten Sie sich durch Betrachten des Fotos auf diesen Menschen einstellen, eine Verbindung schaffen. Auch während des Pendelvorgangs ist es von Vorteil mit den Augen auf dem Bild zu verweilen und so den Kontakt aufrechtzuerhalten. Diese Verbindung kann durch den zuvor besprochenen Handsensor verstärkt werden, indem man die Fotografie berührt, wobei diese allerdings nicht verdeckt werden sollte.

Das vorhandene Bild kann auch beim Pendeln über Pendeldiagrammen verwendet werden. Man plaziert das Foto im oder knapp unter dem Angelpunkt des Diagramms, um gleichzeitig Diagramm, Pendel und Foto im Blickwinkel zu haben. Bei Tafeln in Kreisform ist nicht immer genug Platz im Zentrum vorhanden, das Bild müßte in diesem Fall außerhalb des Diagramms plaziert werden.

Kontaktaufnahme über Telefon

Das Telefon, unser wichtigstes Distanz-Kommunikationsmittel, kann neben einer verbalen Verbindung auch die beim Pendeln notwendige mentale Verbindung zu uns unbekannten Personen herstellen. Als Hilfe zur Kontaktaufnahme beim Pendeln sollte man das Telefon nur im Notfall heranziehen. Fotografien und der Direktkontakt erlauben eine weitaus intensivere geistige Verbindung zu dem betreffenden Menschen.

8 Arbeit mit Pendeldiagrammen

Beim Pendeln nach dem Ja-Nein-Antwortsystem ist man in seinen Möglichkeiten natürlich sehr eingeschränkt. Will man beispielsweise aus einer Reihe von homöopathischen Mitteln ein geeignetes ermitteln, so müßte man nach dieser Methode jedes Mittel einzeln überprüfen, bis man das richtige gefunden hat – eine sehr zeitaufwendige Methode. Abhilfe schaffen hier Pendeltafeln. Mit Unterstützung eines Pendeldiagramms kann man die Antwortmöglichkeiten erheblich erweitern. Auf einer solchen Tafel werden die verschiedenen Antwortvarianten in einem Kreis oder Kreisausschnitt in Sektoren aufgefächert. Eingeschränkt wird man dabei lediglich durch das begrenzte Platzangebot des Papierformats. Wenn die gewünschte Zahl an Antwortvarianten tatsächlich den Raum einer Tafel sprengt, so kann man diese auch auf mehrere Diagramme aufteilen und an den Beginn der so entstandenen Tafelreihe eine Verzweigungstafel stellen. Im Prinzip sind bei der Zahl der Varianten also keine Grenzen gesetzt. Eingeschränkt ist man lediglich durch das Angebot an Diagrammen in der Pendelliteratur. Sollte das verfügbare Spektrum an Diagrammen nicht ausreichen, kann man auch selbst Diagramme anfertigen.

Pendeln über Pendeldiagrammen

Vor der Fragestellung halten Sie Ihren Pendel über den Angelpunkt (Ausgangspunkt der Sektoren) des

Diagramms. Dann konzentrieren Sie sich wie gewohnt auf das betreffende Thema und stellen eine Frage. Nun handelt es sich aber nicht mehr um eine Entscheidungsfrage, die mit Ja oder Nein beantwortet werden kann, sondern um die gezielte Suche nach einer der Antworten auf dem Diagramm.

Beispielsweise wird man bei der Arbeit mit einem Vitamin-Diagramm die Frage stellen: »Welches Vitamin sollte ich vermehrt zu mir nehmen?« Achten Sie wie immer auf eine präzise Fragestellung. Der Pendel wird anschließend in Richtung eines der Sektoren ausschlagen, gewissermaßen auf die richtige Antwort zeigen.

Als Erleichterung kann man den Pendel auch von Hand anschwingen und sich so die nötige Anfangsenergie ersparen. Als Antwort auf die gestellte Frage wird der Pendel zum entsprechenden Sektor hinschwingen.

Arten von Diagrammen

Im Laufe der Zeit haben sich die Tafelformen Halbkreis- und Kreisdiagramm durchgesetzt. Kreisdiagramme haben den Vorteil, mehr Raum für den Antwortfächer zu bieten. Nachteil bei dieser Tafelform ist jedoch, daß Verwechslungen von gegenüberliegenden Sektoren nicht auszuschließen sind. Weniger erfahrene Pendelpraktiker haben oft ihre liebe Not mit Kreisdiagrammen. Eine kleine Hilfe bei der Unterscheidung ist ein stärkerer Pendelzug in eine der beiden Richtungen. Stellen Sie daher bei diesen Diagrammtypen nachfolgend immer die Kontrollfrage: »Ist dieses Ergebnis richtig?«, um Gewißheit zu bekommen.

Bei Diagrammen in Halbkreisform fällt das Problem der Verwechslungsmöglichkeit weg. Aus diesem Grund ist dieser Diagrammtyp für Anfänger und Fortgeschrittene gleichermaßen geeignet.

Liniendiagramme, wie zum Beispiel die ursprüngliche Bovis-Skala, werden heute nur sehr selten verwendet.

Herstellung eigener Diagramme

Wenn die verfügbaren vorgefertigten Diagramme nicht mehr ausreichen, weil ein Sachgebiet beispielsweise zu wenig ausführlich behandelt wurde oder weil es zum gewünschten Gebiet noch gar keine Diagramme gibt, dann ist es am besten, eigene Pendeltafeln zu entwerfen. Dabei gilt es, einige Dinge zu beachten, um erfolgreiches Arbeiten zu gewährleisten.

Zum Entwurf eines Pendeldiagramms benötigen Sie Schreibzeug, Papier, Lineal, Winkelmesser und Zirkel. Zu Beginn sollten Sie eine Liste aller gewünschten Wahlmöglichkeiten erstellen. Anhand der Anzahl der Möglichkeiten sind Sie dann in der Lage zu entscheiden, ob Sie ein Kreis- oder Halbkreisdiagramm zeichnen wollen und ob es sinnvoll ist, die Antwortvarianten auf mehrere Diagramme aufzuteilen. Als Faustregel würde ich vorschlagen: Beim Halbkreisdiagramm nicht mehr als 20 Sektoren, beim Kreisdiagramm maximal 40. Die Antwortsektoren werden andernfalls zu schmal und verhindern in diesem Fall ein genaues Ablesen des Ergebnisses.

Sorgen Sie bei Kreisdiagrammen für eine ungerade Anzahl an Sektoren. Bei einer geraden Sektorenzahl kommen jeweils zwei Sektoren einander gegenüber zu liegen, was Verwechslungen Tür und Tor öffnet. Wenn Sie eine gerade Zahl an Wahlmöglichkeiten haben, fügen Sie daher am besten noch einen zusätzlichen Leersektor ein.

Anschließend zeichnen Sie Ihren Kreis oder Halbkreis und tragen die erforderliche Anzahl an Linien ein. Die einzelnen Antwortmöglichkeiten werden am besten in die Sektoren eingetragen. Die Anzahl der Linien ist um eins höher als die der Sektoren. Der Winkel zwischen den Linien ergibt sich daher beim Kreisdiagramm aus der Formel 360: (Sektoren +1), beim Halbkreis rechnet man entsprechend mit 180 Grad. Mit Hilfe des Winkelmessers zeichnen Sie die Linien ein, schließlich tragen Sie noch die einzelnen Antwortvarianten in die Sektoren ein, und schon ist Ihr individuelles Pendeldiagramm vollendet.

Wer sich diese Arbeit ersparen möchte, kann auf das nebenstehende Leerdiagramm zurückgreifen. Es bietet 20 Antwortsektoren, die Sie individuell verwenden können. Fertigen Sie von dieser Tafel beliebig viele Kopien an, und tragen Sie dann die gewünschten Wahlmöglichkeiten in die Sektoren ein.

Wenn Sie einen Computer besitzen, ist es recht einfach, mit Hilfe eines der vielen erhältlichen Grafikprogramme, Pendeltafeln zu entwerfen. Man ist dabei sehr flexibel in der Gestaltung und kann auf einfache Weise optisch schöne und zweckmäßige Diagramme kreieren.

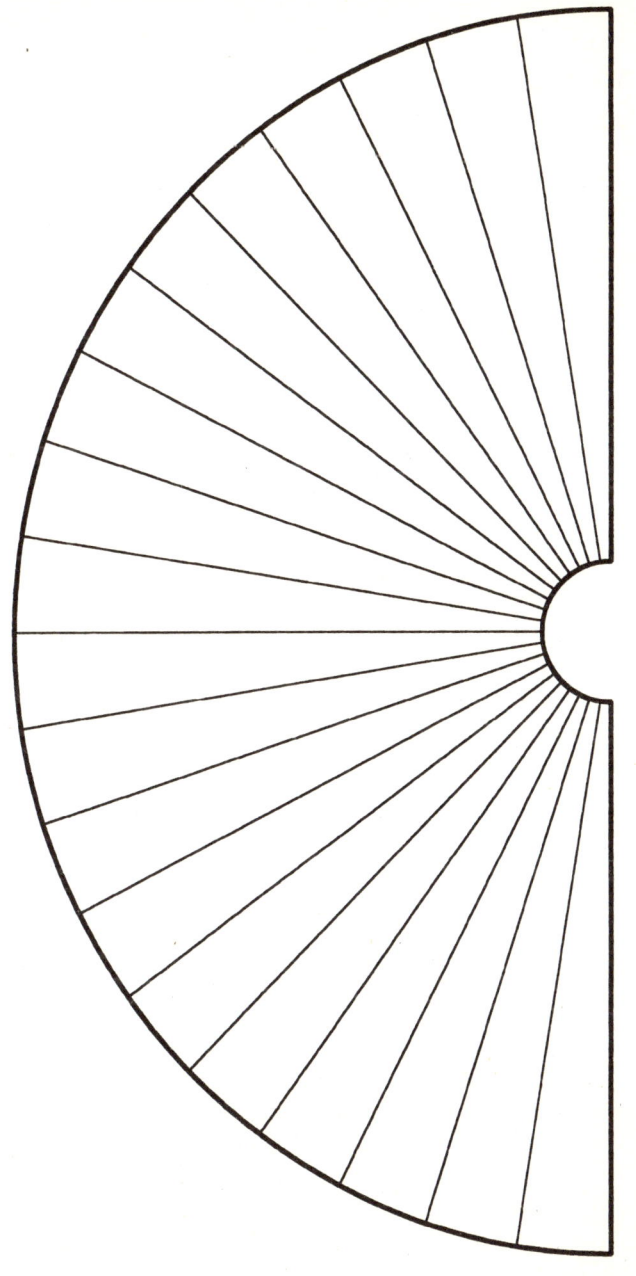

9 Suchmethoden

Der Pendel ist ein geradezu ideales Instrument zum Auffinden von Gegenständen aller Art. Ein verlorener Ring, der auf konventionelle Art nur sehr mühsam gefunden werden kann, läßt sich mit Hilfe des Pendels rasch entdecken. Um welches Objekt es sich bei der Suche handelt, ist letztlich gleich; ausschlaggebend für das Auffinden ist bloß die Fähigkeit des Pendelpraktikers, sich auf den Gegenstand einzustellen, diesen zu visualisieren. Aufsehen erregen manchmal Fälle, bei denen Vermißte mit Hilfe eines Pendelpraktikers wiedergefunden werden. Auch das ist möglich, verlangt jedoch große Erfahrung und Sensitivität.

Bei der Suche mit Hilfe des Pendels gibt es verschiedene Möglichkeiten und beachtenswerte Faktoren, die ich nachfolgend beschreiben möchte.

Triangulation

Die Methode der Triangulation wird verwendet, um den Lagepunkt eines bestimmten Gegenstandes zu ermitteln. Es handelt sich dabei aufgrund der erreichbaren Genauigkeit und Zeitersparnis um eine sehr effektive Methode. Dabei peilen Sie von zwei verschiedenen Punkten, die sich in ausreichendem Abstand zueinander befinden sollten, das Zielobjekt an. Fragen Sie dabei nach dem Lagepunkt des gesuchten Objekts, beispielsweise: »In welcher Richtung liegt der gesuchte Gegenstand?« Der Pendel zeigt Ihnen von jedem der beiden Punkte eine Richtung; am

Schnittpunkt der sich ergebenden Linien befindet sich der gesuchte Gegenstand.

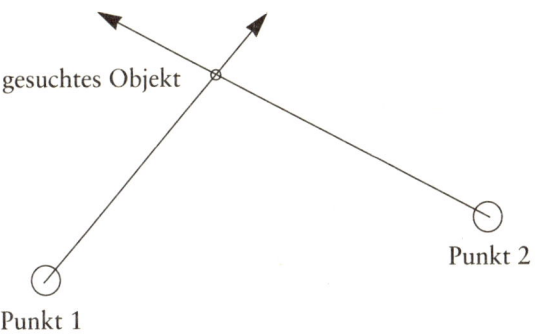

gesuchtes Objekt

Punkt 2

Punkt 1

Pendelverfolgung

Folgen Sie bei dieser Suchvariante Ihrem Pendel. Von einem beliebigen Startpunkt aus stellen Sie die Frage nach dem gesuchten Objekt. Die Fragestellung sollte sich bei dieser Methode nicht nach dem Lagepunkt des Objekts richten, sondern nach dem Weg zum gesuchten Punkt, etwa: »In welcher Richtung gelange ich zum gesuchten Gegenstand?« Der Pendel schlägt nun in eine Richtung aus. Sie beginnen, sich in diese Richtung in Bewegung zu setzen. Während des Gehens wiederholen Sie immer wieder die Frage. Wenn der Pendel die Richtungsanzeige ändert, ändern Sie dementsprechend Ihre Gehrichtung. Sie folgen dem Pendelausschlag, bis Sie am gesuchten Punkt angelangt sind. Bei Erreichen des Ziels geht die Pendelschwingung von der Richtungsanzeige in eine Links-Rechts-Schwingung über, auch ein Pendelkreisen ist möglich. Die für Sie gültige Zielpunktanzeige sollten Sie gedanklich vereinbaren oder durch Pendelbefragung bestimmen.

Im Gelände hat man in manchen Fällen mit der Pendelverfolgungsmethode gewisse Vorteile gegenüber der Triangulation. Wenn Sie Ihre Suche beispielsweise in einem größeren Areal anstellen, so müßten Sie nach der Triangulationsmethode zwei weit entfernte Anvisierungspunkte verwenden und könnten dann, wenn überhaupt, nur sehr ungenau den gesuchten Punkt bestimmen. Zur genauen Punktbestimmung wären mehrere Triangulationsschritte notwendig. Weit besser ist in diesem Fall die Pendelverfolgung, indem Sie einfach in Richtung des Pendelausschlages losgehen, bis Sie den gesuchten Punkt erreicht haben.

Anhand dieser Übung können Sie das Auffinden von Objekten trainieren. Bitten Sie eine Vertrauensperson, einen beliebigen Gegenstand zu verstecken. Verwenden Sie einmal die Triangulationsmethode, einmal die Pendelverfolgung, um das Objekt aufzufinden. Visualisieren Sie beim Suchvorgang möglichst genau den betreffenden Gegenstand. Sollten Sie bei der Suche nach dem verwendeten Gegenstand Probleme haben, probieren Sie es am besten mit einem anderen, vielleicht mit einem Objekt, zu dem Sie eine emotionale Bindung haben. Die gedankliche Verbindung wäre in diesem Fall intensiver.

Suche mittels Landkarten

Genauso wie eine Fotografie als Verbindung zu einer Person dienen kann, können auch Landkarten als Verbindungsstück zur betreffenden Landschaft verwendet werden. Karten eignen sich daher vortrefflich zur Suche von Wasser und Bodenschätzen, auch Vermißte kann man mit Hilfe von Landkarten lokalisieren. Riesige Gebiete lassen sich dabei mit Pendelhilfe durchpflügen. Die Genauigkeit des Ergebnisses hängt hauptsächlich vom Maßstab der Karte ab.

Bevor Sie die Frage stellen, sollten Sie sich auf das jeweilige Gelände einstimmen. Versuchen Sie, sich in die Landschaft, die die Karte darstellt, zu versetzen. Gehen Sie *in* die Karte, um eine intensive Verbindung zu schaffen. In diesem Zustand sollten Sie während des gesamten Pendelvorgangs bleiben.

Eine zweckmäßige Methode der Lokalisierung auf einer Karte ist die *Triangulation.* Von zwei Eckpunkten des Planes peilt man das gesuchte Objekt an und bildet dann den Schnittpunkt der beiden Richtungslinien.

Genausogut funktioniert auch die *Schnittpunktbildung nach dem Kartenraster.* Fahren Sie bei dieser Variante langsam mit einem Finger der freien Hand zuerst den seitlichen Rand der Karte ab. Dabei stellen Sie die Frage: »In welcher Achse befindet sich das gesuchte Objekt?« Wenn der Pendel ausschlägt, haben Sie die West-Ost-Achse gefunden. Diese markieren Sie und machen dieselben Schritte am unteren Rand der Karte zur Bestimmung der Nord-Süd-Achse. Am Schnittpunkt der beiden gefundenen Linien befindet sich das gesuchte Objekt.

59

Anhand der vorstehenden Europakarte können Sie sich in der Arbeit mit Landkarten
üben. Wo befinden sich die drei größten Bin-
nenseen Europas? Verwenden Sie zur Lokalisierung eine der soeben besprochenen Methoden. Ihre Resultate können Sie anschließend
anhand der Lösung auf den Seiten 170/171
überprüfen.

Verlaufsermittlung

Zur Lokalisierung von Objekten, die in Linien verlaufen, wie z.B. Wasseradern, ist die Triangulationsmethode nicht geeignet. Die *Pendelverfolgungsmethode* hingegen ist eine passable Möglichkeit zur Verlaufsbestimmung. Im folgenden spreche ich der Ein-
fachheit halber von Wasseradern, die Ausführungen
gelten natürlich genauso für alle anderen linienför-
migen Objekte. Sie suchen als erstes einen Punkt der
Wasserader. Sobald Sie eine wasserführende Stelle
gefunden haben, gehen Sie gemäß der zuvor besprochenen Pendelverfolgung vor. Die nötige Genauigkeit läßt sich hier jedoch nur bei schmalen Wasserführungen erzielen.

Die *Schnittpunktmethode* ist zwar eine zeitaufwendige, aber auch genaue und zuverlässige Methode der Verlaufsbestimmung. Wie Sie in der Darstellung sehen können, schreitet man das Gelände
systematisch in parallelen Linien ab. Während des
Gehens stellt man wiederholt die Frage: »Ist hier
Wasser?« Wenn man eine Stelle der Wasserführung
erreicht, geht die Pendelschwingung von Nein auf
Ja über. Den gefundenen Punkt markiert man und
schreitet das Gelände weiter ab. Solange man sich
noch auf der Wasserführung befindet, zeigt der Pen-

60

del eine positive Antwort. Bei Verlassen der Wasserader geht die Pendelschwingung von Ja wieder auf
Nein zurück. Ab einer gewissen Aderbreite ist es
sinnvoll, auch diesen Punkt zu markieren. Wenn
man den gesamten Bereich abgeschritten ist und alle
Punkte markiert hat, erkennt man sehr genau den
Verlauf der Wasserader und deren Breite. Je enger
man dabei das Gelände abschreitet, desto genauer
fällt das Resultat aus. In der Darstellung finden Sie
auch außerhalb der Wasserader markierte Punkte.
Es handelt sich dabei um mögliche Vorankündigun-
gen bzw. Fehlantworten, die anhand dieser Methode
aufgrund des tatsächlichen Verlaufs jedoch leicht als
solche zu erkennen sind.

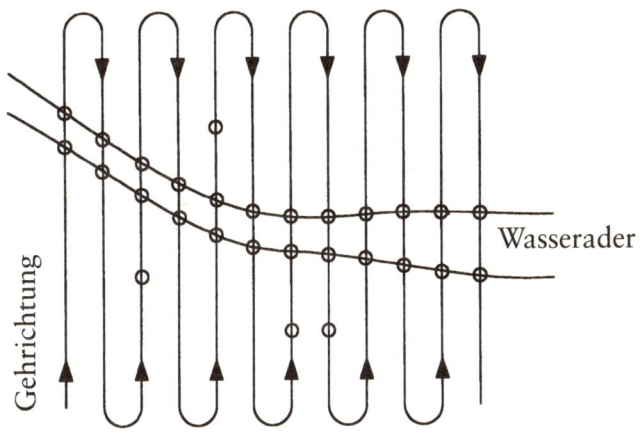

10 Zukünftige Ereignisse

Mit imaginären und virtuellen Welten haben wir beim Visualisieren oder beim Kartenmuten schon Erfahrungen gesammelt. Wir haben uns gedanklich im Raum bewegt, warum also nicht auch in der Zeit? Während es sich bei vergangenen Gegebenheiten um Fakten handelt, sind die Möglichkeiten in der Zukunft völlig offen. Es ist ungleich schwieriger, mit dem Pendel Fragen nach Zukünftigem zu beantworten als nach Vergangenem und Gegenwärtigem. Doch es ist möglich, setzt bei dem Pendelpraktiker aber größere Fähigkeiten voraus.

Von einer gegenwärtigen Situation aus gibt es eine unendliche Zahl an Wahrscheinlichkeiten für den Verlauf der Zukunft, es führen unzählige Zeitpfade möglicher Entwicklungen in die Zukunft. Fähige Seher haben die Gabe, die richtige Zeitlinie zu erkennen und zu deuten. Die propagierten Weissagungen von Hellsehern, die sich als falsch herausstellten, erklären sich durch das Beschreiten des falschen Zeitpfades, man landet schließlich in irgendeiner Wahrscheinlichkeit. Im weitesten Sinne ist diese Wahrscheinlichkeit auch wahr, entspricht jedoch nicht dem tatsächlichen Realitätsverlauf. Die Gefahr, sich zu verlaufen und nach letztlich irrealen Ergebnissen zu handeln, ist groß. Man sollte daher in jedem Fall beim Zukunftspendeln vorsichtig und sorgsam mit den Ergebnissen umgehen.

Aufgrund der Sensibilität dieses Bereiches gilt es, einige Dinge zu beachten.

Der Zeitpunkt des Pendelns spielt beim Arbeiten

mit der Zukunft eine besondere Rolle. Es gibt Zeit-
abschnitte, die für die jeweilige Fragestellung günstig
sind, wo der gedankliche Weg in die Zukunft möglichst frei von Ablenkungen und Beeinflussungen ist.
Aus diesem Grund sollte man vor Beginn des Pendelns immer die Frage stellen: »Ist jetzt der richtige
Zeitpunkt, um zuverlässige Antworten über dieses
Problem zu erhalten?« Wenn diese Frage positiv beantwortet wird, befinden Sie sich symbolisch betrachtet an jenem Punkt, von dem aus man das Tor
zum richtigen Zeitpfad öffnen kann. Wenn jedoch
die Antwort Nein lautet, verschieben Sie das Pendeln
auf einen späteren Termin; den passenden Zeitpunkt
können Sie natürlich auch mit Hilfe des Pendels bestimmen.

Nachdem man nun die Frage des Zeitpunkts geklärt hat, sollte man als zweiten Schritt danach
trachten, etwaige seelische oder karmische Verlet-
zungen und möglichen Schaden an anderen und sich
selbst auszuschließen. Zu diesem Zweck stellt man
noch eine zweite Frage, bevor man die eigentliche
Arbeit beginnt: »Darf ich über dieses Problem Aus-
künfte einholen?« Wenn auch diese Frage positiv
beantwortet wird, sind alle Sicherheitsvorkehrungen
getroffen, man kann sich nun guten Mutes der
betreffenden Aufgabe widmen.

Wenn sich Ihre Frage auf einen Sachverhalt zu
einem festen zukünftigen Zeitpunkt bezieht, ist es
von Vorteil, sich beim Einstimmen in Gedanken
langsam diesem Datum zu nähern. Man stellt sich
vor, wie die Tage, Monate und Jahre auf dem Weg
zu dem gewünschten Zeitpunkt an einem vorbeizie-
hen. Nehmen Sie sich für diesen Vorgang ausreichend Zeit. Am entsprechenden Zeitpunkt angekommen, stellt man dann seine Frage. Durch diese
Vorgehensweise werden die Voraussagen zuverlässi-
ger.

Ein weiterer wichtiger Punkt ist die konsequente Anwendung der bereits an anderer Stelle besprochenen Kontrollfrage. Bei der Arbeit mit Zukünftigem sollten Sie es sich zur Gewohnheit werden lassen, nach jedem Ergebnis die Frage: »Ist dieses Ergebnis richtig?« zu stellen.

Versuchen Sie sich als Meteorologe. Bestimmen Sie als anfänglichen Schritt das Wetter des nächsten Tages. Dazu fragen Sie beispielsweise: »Wird an diesem Ort morgen mittag die Sonne scheinen?« Bei einer verneinenden Antwort fragen Sie weiter nach den verschiedenen Möglichkeiten wie Regen, Bewölkung, Nebel, bis Sie die richtige Variante gefunden haben. Am nächsten Tag sehen Sie dann, ob Ihr Ergebnis richtig war. Im Erfolgsfall steigern Sie die Zeitspanne, fragen Sie nach dem Wetter in zwei Tagen, dann in drei Tagen, einer Woche usw. Auf diese Weise können Sie diese Fähigkeit allmählich steigern und entwickeln.

11 Erweiterte Pendelzeichen und Codesysteme

Neben den bisher erwähnten Pendelzeichen gibt es noch eine Reihe anderer Zeichen. Grundsätzlich kann der Pendel nur gerade Schwingungen, Kreise und Ellipsen beschreiben. Komplexere Zeichen setzen sich aus diesen Grundschwingungen zusammen, indem die Einzelmuster kombiniert werden bzw. ineinander übergehen. Eine Auswahl an möglichen Pendelzeichen sehen Sie in den folgenden Abbildungen. Erste Erfahrungen mit derartigen Mustern konnten Sie schon mit einer der vorhergehenden Übungen sammeln, als Sie das Schwingungsfeld von Zimmerpflanzen untersucht haben.

Grundschwingungen

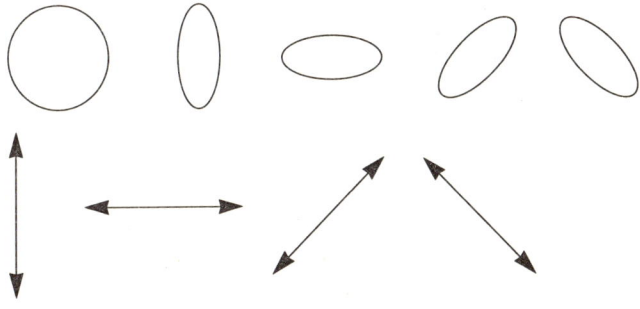

Erweiterte Pendelzeichen

Sämtliche Pendelzeichen außer geraden Schwingungen können sowohl rechts- als auch linksdrehend sein.

Wie kann man nun diese Fülle an Pendelzeichen in der Praxis sinnvoll anwenden? Beim Ja-Nein-Antwortsystem haben wir mit uns selbst einen Code der möglichen Antworten vereinbart; diesen können wir jetzt für bestimmte Anwendungen durch einen neuen erweiterten Code ersetzen. Bevor wir zu solchen Codesystemen kommen, möchte ich noch auf die symbolische Bedeutung der Grundschwingungen eingehen.

Symbolik der Grundschwingungen

Bei der Definition eines Codesystems sollte man die den verwendeten Pendelzeichen innewohnende Symbolik nicht unbeachtet lassen. Der Zugang zu derartigen Zeichen wird durch die Berücksichtigung der kollektiv verankerten Bedeutungen intensiver.

So stehen rechtsdrehende Formen für das männliche Prinzip, für Yang, Aktivität, Himmel, positive Polarität, Sympathie, Gesundheit, Helligkeit. Gleiches gilt auch für das männliche Symbol der geraden vertikalen Schwingung. Linksdrehende Formen stehen für das weibliche Prinzip, für Yin, Passivität, Erde, negative Polarität, Antipathie, Krankheit, Dunkelheit.

Würde man nun in einem Codesystem aus Unkenntnis den Rechtskreis als Zeichen für weibliche Charaktereigenschaften verwenden, so würde man damit unbewußt gegen ungeschriebene Gesetze, gegen die Bedeutung dieses Zeichens im kollektiven Unbewußten ankämpfen und sich so das Leben unnötig schwer machen. Schwierigkeiten beim Pendeln und Fehlergebnisse wären womöglich die Folge davon. Berücksichtigen Sie dies nach Möglichkeit in Ihrer Pendelpraxis, im speziellen bei Ihren Antwortvereinbarungen.

Codesysteme

Unter Verwendung der Grundschwingungen und der erweiterten Pendelzeichen kann man nun eigene Codesysteme definieren. Darunter versteht man ein erweitertes Antwortsystem, in dem jeder Antwortvariante eine bestimmte Pendelschwingung zugeordnet ist. Der Vorteil eines solchen Systems liegt in der Vervielfachung der Antwortmöglichkeiten, ohne daß man auf zusätzliche Hilfsmittel angewiesen ist. Die Definition einer derartigen Vereinbarungsliste wird sich nach dem Anwendungsbereich und der persönlichen Vorliebe für bestimmte Zeichen, unter Berücksichtigung der zuvor besprochenen Symbolik, richten. Ein Beispiel für eine solche Codedefinition wäre das folgende medizinisch-diagnostische System:

Dieses System eignet sich hervorragend zur Feststellung des Gesundheitszustandes eines Menschen oder auch eines bestimmten Organs. Der Pendelpraktiker richtet seine ganze Aufmerksamkeit auf den betreffenden Körperteil, verwendet am besten auch den Handsensor, um die Schwingungsempfindung zu intensivieren, und stellt dann die Frage: »In welchem Zustand befindet sich dieses Organ?« Daraufhin wird sich eine dem Codesystem entsprechende Antwort einstellen.

Die Vereinbarungen eines solchen Systems sollte man ausreichend trainieren, bevor man damit zu arbeiten beginnt. Der Umgang mit den vielen Antwortmöglichkeiten muß unbedingt so lange geübt werden, bis man die verschiedenen Zeichen mit schlafwandlerischer Sicherheit beherrscht. Nur so sind zuverlässige Resultate gewährleistet.

Für den Entwurf eines individuellen Codesystems sollten Sie sich genügend Zeit nehmen und die verschiedenen Antwortzeichen sorgfältig auswählen. Wenn Ihr persönliches System dann ausreichend gefestigt ist, wird es Ihnen im betreffenden Bereich eine große Hilfe sein. In jedem Fall kann man die Pendelarbeit mit Hilfe einer solchen Vereinbarungsliste vereinfachen und effektiver gestalten.

○	Gesund
○	Krank
↗	Entzündung
↘	Toxische Belastung
⬭	Organvergrößerung
⬭	Insuffienz
⬭	Degenerative Erkrankung
←→	Gewebstod
⬭	Gutartiger Tumor
⬭	Bösartiger Tumor
◎	Infektion
↕	Trauma
✳	Allergie
◉	Steinkrankheit

12 Pendelethik

Wenn Sie nun den richtigen und erfolgreichen Umgang mit dem Pendel beherrschen, gibt es noch einige grundsätzliche Dinge zu Moral, Motiven und Einstellung zu sagen. Die nachfolgenden Faktoren unterscheiden meiner Meinung nach den fähigen, anerkannten Pendelfachmann vom Hobbypraktiker.

Überlegen Sie einmal für sich, warum Sie diese Fähigkeit besitzen. Jeder Mensch hat seine ganz persönlichen Beweggründe, weshalb er sich dem Pendeln zuwendet. Manche wollen einfach mehr über sich erfahren, andere sehen darin eine ideale Unterstützung ihres Forschergeistes. Viele verwenden den Pendel, um anderen Menschen und natürlich auch sich selbst bei jeglichen Problemen, beispielsweise gesundheitlichen, Hilfe zukommen zu lassen.

Man sollte den Pendel jedoch nicht verwenden, um niedere, selbstsüchtige Motive zu befriedigen. Lottozahlen oder Aktienkurse zur Beschaffung grösserer Geldmengen zu erpendeln, ist nicht Sinn dieser Fähigkeit. Ein solcher zum Scheitern verurteilter Versuch kann im schlimmsten Fall zum Verlust der Pendelfähigkeit führen.

Auch moralische Fragen sollten nicht durch den Pendel sondern nur durch persönliche Empfindungen beantwortet werden. Manche Menschen neigen auch dazu, den Pendel zu sämtlichen Entscheidungen des täglichen Lebens zu befragen. Man sollte nicht übertreiben und den gesunden Menschenverstand dabei vernachlässigen. Der Pendel ist ein hilfreiches Instrument zur Förderung der körperlichen und seelischen Gesundheit, setzen Sie ihn in diesem Sinne ein.

Arbeiten Sie immer gewissenhaft, genau und mit Liebe – nur dies gewährleistet zuverlässige Ergebnisse. Beachten Sie aber auch, daß niemand unfehlbar ist. Fehlergebnisse kommen vor, es ist ein Zeichen von Stärke, sich dies auch einzugestehen. Es ist besser für alle Beteiligten, Fehlergebnisse zu erkennen und einsichtig und umgehend zu korrigieren, als sich selbst für unfehlbar zu halten oder auch aus Stolz darauf zu beharren.

Menschen, die unsere Hilfe suchen, sollten wir bescheiden, zuvorkommend und mit größtmöglicher Akzeptanz entgegentreten. Damit meine ich hauptsächlich, daß man unbedingt vermeiden sollte, beim Betreffenden durch unbedachtes Aussprechen von gewonnenen Erkenntnissen, Angst zu erzeugen. Wenn Sie unter einem Bett beispielsweise eine stark abziehende Strahlenkreuzung gefunden haben, macht es wenig Sinn, der betreffenden Person zu erklären, es befinde sich ein krebserzeugender Punkt in ihrem Bett. Viele Menschen lassen sich durch solche unbedachten Aussagen beeinflussen, was man unbedingt vermeiden sollte. Besser wäre es, dem Betroffenen vorsichtig, aber doch unmißverständlich klarzumachen, daß er den Schlafplatz wechseln sollte.

Man sollte auch nie ohne sein Wissen für jemanden pendeln. Dabei würde man seine Intimsphäre verletzen, auch wenn man der Person eigentlich nur helfen will. Menschen, die Hilfe von uns benötigen, richten sich aus eigenem Antrieb an uns, dann ist auch der Wille zur Veränderung vorhanden.

Versuchen Sie, diese ethischen Hinweise bei der Arbeit mit dem Pendel zu berücksichtigen. Sie tragen so zum eigenen guten Ruf und auch zum Ansehen der Pendelzunft bei.

Anwendungsbereiche

13 Medizinisches Pendeln

Der Pendel ist ein geradezu ideales Instrument, wenn es um den Gesundheitszustand eines Menschen geht. Mit seiner Hilfe lassen sich medizinische Diagnosen stellen und auch als weiterer Schritt die passenden Heilmittel bestimmen. Außerdem ist es möglich, den Pendel zur Krankheitsvorbeugung einzusetzen. Drohende Erkrankungen lassen sich bereits im Entwicklungsstadium erkennen. Ziel einer Diagnose mittels Pendel sollte daher neben der Aufnahme des aktuellen Gesundheitszustandes immer auch das Aufspüren einer Krankheitstendenz sein, so daß der faktische Ausbruch vermieden werden kann. Neben der körperlichen Ebene sollte gleichermaßen der seelisch-geistige und bioenergetische (Aura, Chakras) Aspekt in Diagnose und Therapie einfließen. Vollständige und dauerhafte Heilung ist meist nur durch eine körperliche wie seelische Harmonisierung möglich. Der Pendel ist auf allen Ebenen ein überaus wichtiges Hilfsmittel.

Diagnose

Die Untersuchung des betreffenden Menschen kann direkt erfolgen, wenn der Hilfesuchende anwesend ist, oder auch indirekt unter Zuhilfenahme von Fotografien bzw. mentaler Kontaktaufnahme. Bei der Untersuchung tastet man sich durch entsprechende Fragen schrittweise vor. Zu Beginn empfiehlt sich die Frage: »Ist dieser Mensch vollkommen gesund?« Im

Falle einer positiven Antwort und einer ebenfalls positiv beantworteten Kontrollfrage sind keine weiteren Schritte mehr notwendig. Liegt jedoch eine Krankheit vor, so grenzt man den Ort dieser Erkrankung durch gezieltes Fragen immer weiter ein, bis dieser schließlich gefunden ist. Ein Beispiel dafür wäre folgende Fragestaffel:

»Ist dieser Mensch vollkommen gesund?«	»Nein«
»Liegt eine organische Erkrankung vor?«	»Ja«
»Sind alle Organe des Verdauungssystems gesund?«	»Ja«
»Sind alle Organe des Atmungssystems gesund?«	»Ja«
»Sind alle Organe des Kreislaufsystems gesund?«	»Nein«
»Ist das Herz gesund?«	»Nein«

Das erkrankte Organ ist gefunden, die genaue Art der Erkrankung kann als nächster Schritt ebenfalls angegangen werden. Unbedingt notwendig für Diagnosestellungen dieser Art sind entsprechende medizinische Kenntnisse. Nur so ist ein genaues und zuverlässiges Ergebnis gewährleistet. Hilfreich für das diagnostische Pendeln ist die Verwendung von geeigneten Pendeldiagrammen oder anatomischen Tafeln. Die Suche gestaltet sich dabei effektiver und weniger fehleranfällig, weil sich die Anzahl der nötigen Fragen stark reduziert. Auch die bereits an anderer Stelle besprochenen Codesysteme lassen sich in diesem Bereich vorteilhaft einsetzen.

Bei der direkten Diagnose empfiehlt sich die Verwendung des Handsensors zur intensiveren und gezielten Aufnahme der Schwingungen. Dazu berühren Sie mit dem entsprechenden Finger den zu untersuchenden Körperbereich bzw. jenen Bereich der Körperoberfläche unter dem sich das betreffende Organ befindet. Um bei dem vorhergehenden Beispiel zu bleiben – zur genaueren Untersuchung des Herzens berührt man die Person mit dem Finger etwas links des Brustbeins und stellt dabei seine Fragen. Bei Körperbereichen, an denen Berührungen für die zu untersuchende Person unangenehm sind, kann man den Sensor auch mit geringem Abstand anwenden. Wenn man die Lagepunkte der einzelnen Organe kennt, kann man auf diese Weise von Kopf bis Fuß eine komplette Überprüfung vornehmen.

Eine besondere Stärke des medizinischen Pendelns ist die Bestimmung der eigentlichen Ursachen einer Erkrankung. Was in diesem Bereich mit herkömmlichen Methoden nur sehr schwierig oder gar unmöglich ist, kann mit Pendelhilfe effektiv erfaßt werden. Das nachfolgende Kapitel *Krankheitsursachen* befaßt sich näher mit dieser Thematik.

Vorbeugung

Beim medizinischen Pendeln sollte man immer auch den prophylaktischen Aspekt im Auge haben. Drohende Erkrankungen können mit Hilfe des Pendels bereits in der Entstehungsphase erkannt und durch frühe therapeutische Maßnahmen vermieden werden. Bei Krankheiten wie beispielsweise Krebs kann die Früherkennung oder die Erkennung des Vorstadiums lebensentscheidend sein.

Die Fragestellung könnte etwa lauten: »Besteht bei diesem Menschen die akute Tendenz zu einer bestimmten Erkrankung?« Bei einer positiven Antwort sind Art und Lokalisierung der drohenden Krankheit wieder durch entsprechende Fragereihen zu bestimmen. Die vorbeugenden Arzneien werden am besten gleich anschließend mit dem Pendel bestimmt.

Heilung

Der mit Abstand wichtigste Aspekt ist allerdings, das richtige Heilmittel zu finden. Entsprechende Unterlagen vorausgesetzt, kann man gezielt die für den Hilfesuchenden wirksamste Arznei bestimmen. Auch die richtige Dosierung und den Zeitraum, in dem das Medikament eingenommen werden soll, bestimmt man am besten mit Hilfe des Pendels.

Als Grobselektion sollte man die Art der gesuchten Arznei feststellen. Für die Selbstbehandlung von harmlosen Erkrankungen kommen dafür beispielsweise Homöopathie, Bach-Blüten, Schüßler-Salze, Heilkräuter oder Ätherische Öle in Frage. Der pendelnde Arzt oder Heilpraktiker wird aus der ihm geläufigen Palette an Arzneitypen das wirksamste Mittel bestimmen. Überaus vorteilhaft wäre natürlich die Verwendung von Pendeltafeln zur Grobselektion und auch zur Mittelbestimmung selbst. Andernfalls muß man danach trachten, die große Zahl an verfügbaren Arzneien auf ein überschaubares Maß zu reduzieren, um anschließend die einzelnen Mittel per Pendel abzufragen. Möglichkeiten zur Abgrenzung der in Frage kommenden Arzneien wären entsprechendes Fachwissen, geeignete Literatur zum Nachschlagen, Testsätze mit Arzneiproben oder auch die persönliche Intuition. Hat man die in Frage kommenden Heilmittel auf eine überschaubare Anzahl begrenzt, kann man als nächsten Schritt erfragen, ob sich das gesuchte Mittel in dieser Menge befindet. Im Falle einer positiven Antwort ermittelt man durch Einzelabfragen die wirksamste Arznei.

Wichtig bei der Fragestellung ist, immer nach dem *wirksamsten* Heilmittel zu fragen. Zur Behandlung einer Erkrankung gibt es meist mehrere heilsame Arzneien. Das maximal wirksame Mittel zu finden, sollte unser Ziel sein.

14 Krankheitsursachen

Die Ursachen und Umstände, die zu einer Krankheit führen, können sehr vielfältig sein. Diese Ursachen zu ermitteln und zu bereinigen, sollte Ziel jeder Therapieform sein, um eine wirklich vollkommene Heilung zu bewirken. Oft spielen jedoch multiple Faktoren der Krankheitsentwicklung eine Rolle, so daß es generell für jeden Therapieansatz, ob in Alternativheilkunde oder Schulmedizin, schwierig ist, alle kausalen Zusammenhänge zu erfassen. Meist wird der psychische Anteil vernachlässigt, was schließlich in vielen Fällen dazu führt, daß der Gesundete nach einer gewissen Zeitspanne wieder in seine alte Krankheit zurückfällt.

Mit dem Pendel hat man eines der wenigen Instrumente an der Hand, das alle Wirkprinzipien und Zusammenhänge aufdecken kann, man muß sich lediglich auf die Suche begeben. Die nebenstehende Tafel dient diesem Zweck. Sind schließlich alle Ursachen erfaßt, kann man anschließend die nötigen Schritte durch geeignete Therapiewahl vorgeben. Gibt es mehrere Ursachen, die zur Krankheit geführt haben, ist es durchaus sinnvoll, mehrere Heilmethoden zu wählen, um gleichzeitig alle verursachenden Faktoren zu bereinigen.

Anmerkungen zum Pendeldiagramm

* *Ernährung:* Mangelhafte oder einseitige Ernährung hat zu einem Mangel oder einer Überlastung

an bestimmten Stoffen geführt. Auch unzureichende Flüssigkeitszufuhr oder mangelhafte Trinkwasserqualität zählen hierzu.
Therapiemöglichkeiten: Ernährungsumstellung, Ernährungstherapie

- *Vitalstoffmangel:* Mangelhafte Ernährung, mangelnde Aufnahmefähigkeit oder auch gesteigerter Bedarf an Vitaminen, Mineralstoffen und Spurenelementen haben zu einem Mangel an diesen Vitalstoffen geführt.
Therapiemöglichkeiten: Ernährungsumstellung, Vitamin-/Mineralstoffpräparate, Orthomolekulare Therapie

- *Konstitution:* Die körperliche und seelische erbliche Veranlagung ist Auslöser der Erkrankung.
Therapiemöglichkeiten: Homöopathie, Bioresonanztherapie, Akupunktur

- *Körperliche Störung:* Rein physische Krankheitsursachen wie Infektionen, bedingt durch Bakterien, Viren, Pilzen, Vergiftungen, auch Impfschäden zählen hierzu.
Therapiemöglichkeiten: Schulmedizin/Naturheilkunde

- *Körperliche Belastung:* Übermäßige und einseitige Belastungen des Körpers, wie Organüberlastung durch Gifte wie Alkohol (Leber), Medikamente (Nieren), Umweltfaktoren oder Überlastungen des Bewegungsapparates (z.B. ständiges Sitzen) durch dauernde körperliche Überanstrengung, unharmonische Bewegungsmuster und Fehlhaltung.
Therapiemöglichkeiten: Belastung vermeiden, Schulmedizin/Naturheilkunde, Feldenkrais, Rolfing, Chiropraktik

- *Herdgeschehen:* Ein Krankheitsherd, der den Organismus ständig mit Giftstoffen und Krankheitserregern belastet, befindet sich im Körper. Erkrankte Mandeln und Zahnwurzeln entwickeln sich oft zu solchen Streuherden.
  Therapiemöglichkeiten: Herdsanierung

- *Streß:* Der Organismus ist den äußeren Einflüssen und Belastungen nicht mehr gewachsen.
  Therapiemöglichkeiten: Autogenes Training, Bach-Blütentherapie, Farbtherapie, Yoga

- *Emotionale Störung:* Probleme auf der Gefühlsebene, schwächende Gefühle führten zur Erkrankung. (siehe Kapitel *Gefühle*)
  Therapiemöglichkeiten: Bach-Blütentherapie, Edelstein-Therapie, Farbtherapie, Klinische Kinesiologie

- *Emotionale Belastung:* Belastungen auf der Gefühlsebene, beispielsweise der unbewältigte Tod eines Angehörigen, führten zur Erkrankung.
  Therapiemöglichkeiten: Bach-Blütentherapie

- *Beziehungsproblem:* Ungelöste Probleme in Partnerschaft oder Ehe sind Ursache der Erkrankung.
  Therapiemöglichkeiten: genaue Ursachenklärung und -bereinigung, Psychodrama, Gestalttherapie

- *Familiäres Problem:* Ungelöste Probleme im Bereich der Familie führten zur Krankheit.
  Therapiemöglichkeiten: genaue Ursachenklärung und -bereinigung, Familientherapie, Psychodrama, Gestalttherapie

- *Berufliches Problem:* Ungelöste Probleme im beruflichen Bereich führten zur Erkrankung.
Therapiemöglichkeiten: Ursachenklärung und -bereinigung, Psychodrama, Gestalttherapie

- *Kindheitserlebnis:* Ein unverarbeitetes Erlebnis aus der Kindheit hat zur Krankheit geführt. Meist sind derartige Erlebnisse verschüttet und nicht mehr bewußt erinnerbar. Das Problem sollte ins Bewußtsein geholt und gelöst werden.
Therapiemöglichkeiten: Klinische Kinesiologie, Hypnosetherapie, Primärtherapie, Bach-Blütentherapie

- *Erdstrahlen:* Der Organismus wurde durch geopathogene Strahlen zu stark belastet. (siehe Kapitel *Erdstrahlen*)
Therapiemöglichkeiten: Belastung vermeiden

- *Technische Strahlen:* Der Organismus wurde durch technische Strahlungsfelder überlastet. (siehe Kapitel *Erdstrahlen*)
Therapiemöglichkeiten: Belastung vermeiden

- *Karma:* Eine karmische Belastung führte schließlich zur Erkrankung. (Karma = Gesetz von Ursache und Wirkung, im Sinne von Schuld und Sühne)
Therapiemöglichkeiten: Ersatzhandlungen zur Karma-Neutralisierung, Gebete, Kriya-Yoga

- *Chakra-Dysfunktion:* Ungleichgewichte im Energiefluß, vor allem der Chakras, verursachten die Erkrankung.
Therapiemöglichkeiten: Edelstein-Therapie, Aromatherapie, Farbtherapie

Krankheitsursachen

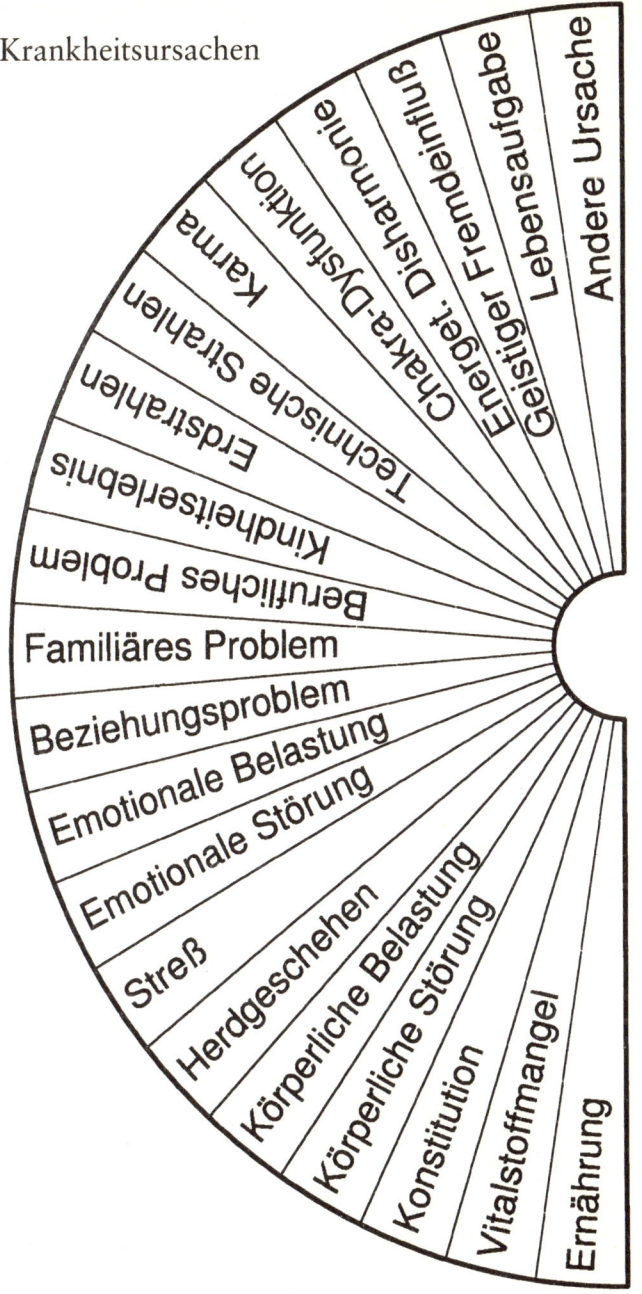

Andere Ursache
Lebensaufgabe
Geistiger Fremdeinfluß
Energet. Disharmonie
Chakra-Dysfunktion
Karma
Technische Strahlen
Erdstrahlen
Kindheitserlebnis
Berufliches Problem
Familiäres Problem
Beziehungsproblem
Emotionale Belastung
Emotionale Störung
Streß
Herdgeschehen
Körperliche Belastung
Körperliche Störung
Konstitution
Vitalstoffmangel
Ernährung

- *Energetische Disharmonie:* Ungleichgewichte im energetischen Feld, im Fluß der Lebensenergie führten zur Erkrankung.
  Therapiemöglichkeiten: Akupunktur, Kinesiologie, Edelstein-Therapie, Aromatherapie, Farbtherapie

- *Geistiger Fremdeinfluß:* Es besteht eine geistige Beeinflussung durch lebende Personen oder durch Elemente der geistigen Welt. Jemand versucht, den betreffenden Menschen auf geistigem Weg negativ zu beeinflussen, was neben emotionalen auch körperliche Probleme hervorrufen kann. Derartige geistige Beeinflussungen kommen selten vor.
  Therapiemöglichkeiten: Gebete, Affirmationen, Energetische Behandlung

- *Lebensaufgabe:* Die Bewältigung der betreffenden Krankheit und die Herbeiführung damit verbundener Veränderungen ist eine der Aufgaben dieses Lebens.
  Therapiemöglichkeiten: Individuell verschieden

15 Aromatherapie

Ätherische Öle sind aromatische Essenzen, die durch Pressung, Destillation oder durch Extraktion mit Lösungsmitteln aus Pflanzen gewonnen werden. Diese Öle entfalten ihre Wirkung über den körperlichen auch auf den seelischen Bereich. Man kann sie dementsprechend bei körperlichen Beschwerden sowie zur psychischen und energetischen Harmonisierung einsetzen.

Auf eine möglichst hochwertige Qualität sollte man achten. Viele im Handel erhältliche Öle sind trotz ihrer Etikettierung als *reines ätherisches Öl* mit anderen Ölen gestreckt. Sogar künstliche Essenzen werden unter dieser Deklaration verkauft. Als *Duftöl* deklarierte Substanzen sind synthetisch und daher für therapeutische Zwecke ungeeignet. Die beste Möglichkeit, die Qualität eines ätherischen Öls zu ermitteln, bietet natürlich Ihr Pendel. Im Zweifelsfall sollte man immer überprüfen, ob es sich bei der gewünschten Essenz um ein natürliches, reines ätherisches Öl handelt.

Anwendungsarten:

• *Duftlampe:* Die Wirkstoffe werden über Riechorgane und Atemwege aufgenommen und wirken auf diesem Weg auf Körper und Geist. Manche Öle wirken auch desinfizierend (z.B. Eukalyptus, Thymian, Teebaum) und können auf diese Weise zur Eliminierung von Krankheitserregern herangezogen werden. Auch zur Neutralisierung von unangenehmen Gerüchen eignen sich einige Öle, wie etwa Zitrone oder Bergamotte.

- *Äußerlich:* Ätherische Öle können auch äußerlich auf die Haut aufgetragen werden. Zu diesem Zweck sollte man sie jedoch mit Mandelöl verdünnen, um etwaigen Hautreizungen vorzubeugen. Zur Verwendung als Badezusatz sollte man das Öl mit etwas Honig oder Milch mischen, damit eine Lösung der Essenz im Badewasser erfolgen kann, andernfalls würde diese lediglich auf dem Wasser schwimmen.
Eine besondere Variante der äußerlichen Anwendung ist das *Aufbringen auf ein Chakra.* Mit kreisenden Bewegungen wird dabei das zuvor ermittelte Öl im Bereich eines Chakras sanft einmassiert. Dies ermöglicht eine besonders starke Wirkung auf den energetischen Bereich.

- *Innerlich:* Einige Öle sind auch zur Einnahme geeignet. Ziehen Sie in diesem Fall unbedingt Fachliteratur zu Rate, um Vergiftungen aufgrund von Überdosierungen bzw. Verwendung ungeeigneter Essenzen zu vermeiden. Bei der Einnahme sollten Sie auch absolut sicher sein, daß es sich um ein natürliches, reines Öl handelt. Eine Verdünnung mit Honig oder Wasser ist auch hier ratsam, um eine übermäßige Wirkung auf die Schleimhäute zu vermeiden.

Kurzbeschreibung der gebräuchlichsten Essenzen

- *Anis:* beruhigend, verdauungsfördernd, schleimlösend; bei Husten, Erkältung, Verdauungsbeschwerden, Überreiztheit
- *Basilikum:* aufmunternd, kräftigend, entzündungshemmend; bei Depressionen, Erkältungen, Magenproblemen
- *Bergamotte:* ausgleichend, beruhigend, entzündungshemmend; bei Depressionen, Streß, Halsentzündungen
- *Kajeput:* beruhigend, antiseptisch, krampflösend; bei Unruhe, nervösen Verspannungen
- *Eisenkraut:* anregend, erfrischend, inspirierend; bei Abgespanntheit, Verspannungen, Verdauungsstörungen
- *Eukalyptus:* anregend, antiseptisch, schleimlösend; bei Atemwegsentzündungen, Trägheit, geistiger Erregung
- *Fenchel:* beruhigend, stärkend, schleimlösend; bei Streß, Magen-Darm-Problemen, Atemwegsentzündungen
- *Immortelle:* entkrampfend, erdend, entzündungshemmend; bei Hauterkrankungen, Erkältung, Magen-Darm-Entzündungen
- *Kamille:* beruhigend, entspannend, entzündungshemmend; bei Ärger, Mißmut, Magen-Darm-Entzündungen, Blähungen
- *Kiefer:* stärkend, erfrischend, entzündungshemmend; bei Erschöpfung, Atemwegsentzündungen, Schnupfen
- *Lavendel:* harmonisierend, reinigend, stärkend, wundheilend, entzündungshemmend; bei Nervosität, Streß, Depressionen, Entzündungen, Erkältung, Hautproblemen

87

- *Zitronellgras:* erfrischend, konzentrationsfördernd, anregend; bei Müdigkeit, Schwäche
- *Melisse:* harmonisierend, schützend, stärkend; bei Melancholie, Depressionen, Migräne, Kreislaufproblemen
- *Myrte:* reinigend, inspirierend, antiseptisch; bei Angst, Verzweiflung, Atemwegserkrankungen
- *Nelke:* anregend, kräftigend, desinfizierend: bei Zahnschmerzen, Schwächezuständen, Magen-Darm-Beschwerden
- *Orange:* harmonisierend, erheiternd, erwärmend; bei Angst, Nervosität, Hautproblemen
- *Pfefferminze:* kräftigend, antiseptisch, schleimlösend; bei Konzentrationsproblemen, Erkältungen, Kopfschmerzen
- *Rose:* harmonisierend, stabilisierend, wundheilend; bei Kummer, Traurigkeit, Wunden
- *Rosmarin:* aufrichtend, konzentrationsfördernd, antiseptisch; bei Gedächtnisschwäche, Erschöpfung, Entzündungen
- *Teebaum:* stark keimtötend, entzündungshemmend, wundheilend; bei Infektionskrankheiten, Hautpilzen
- *Thymian:* kräftigend, krampflösend, entzündungshemmend; bei Atemwegsinfektionen, Husten
- *Ylang-Ylang:* ausgleichend, erotisierend, blutdrucksenkend; bei innerer Unruhe, Lustlosigkeit, hohem Blutdruck
- *Zitrone:* erfrischend, stärkend, keimtötend; bei Konzentrationsproblemen, Atemwegsinfektionen; zur Raumluftdesinfektion
- *Zypresse:* harmonisierend, stärkend, antiseptisch; bei Zerstreutheit, innerer Unruhe, Husten

Aromatherapie

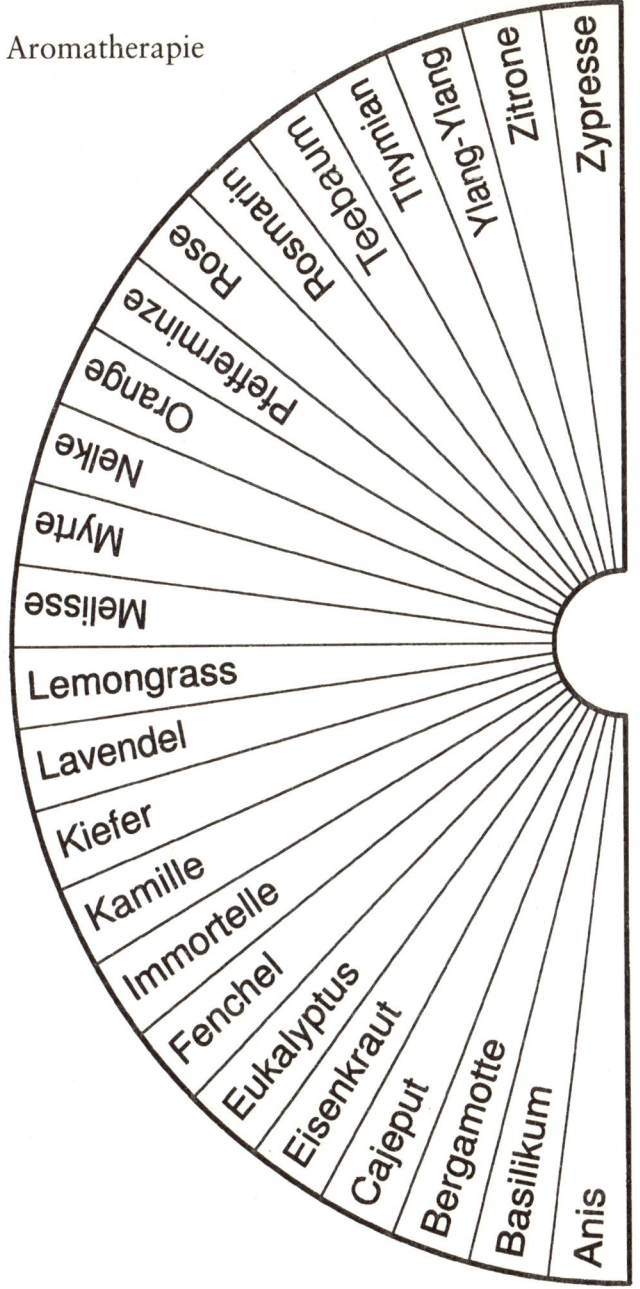

16 Bach-Blüten

Die Bach-Blüten-Therapie wurde von dem englischen Arzt Edward Bach (1886–1936) entwickelt. Bach verstand Krankheit als Resultat einer Disharmonie zwischen der geistigen Instanz des Menschen und seinem täglichen Verhalten auf der Persönlichkeitsebene. Seelische Symptome stehen daher im Vordergrund dieser Therapie. Die von Bach entdeckten 38 Essenzen werden unter speziellen Richtlinien gewonnen. Zur Behandlung werden meist einige Tropfen von mehreren Blütenessenzen einer Trägerflüssigkeit (30% Alkohol) zugegeben und verschüttelt. Von diesem Heilmittel nimmt man täglich als Richtwert etwa viermal fünf Tropfen ein.

Verwendung der Pendeldiagramme

Mit Hilfe der Pendeldiagramme können Sie die Grundmenge, die benötigten Blütenessenzen und auch die Tropfenanzahl bestimmen. Dazu stellen Sie folgende Fragen:

1. »Welche Grundmenge soll hergestellt werden?« (Innerer Kreis)
An beide Tafeln:
2. »Wie viele Essenzen dieser Tafel werden benötigt?« (Mittlerer Kreis)
3. »Welches ist die erste, zweite, ... Essenz?« (Äußerer Kreis)
4. »Wie viele Tropfen dieser Essenz werden benötigt?« (Mittlerer Kreis)

Am besten schreibt man die Resultate während des Pendelns mit und stellt dann die erforderliche Mischung her.

Kurzbeschreibung der Blütenessenzen

1 *Agrimony:* Quälende Gedanken und innere Unruhe werden hinter einer Fassade von Fröhlichkeit verborgen

2 *Aspen:* Unergründbare Ängstlichkeit; Furcht vor einem drohenden Unheil

3 *Beech:* Intoleranz und überkritische Haltung; zeigt wenig Mitgefühl

4 *Centaury:* Willensschwäche; übertriebene Gutmütigkeit; läßt sich ausnutzen

5 *Cerato:* Unsicherheit, Zweifel an den eigenen Fähigkeiten; kein Vertrauen in die eigene Meinung

6 *Cherry Plum:* Man hat Angst davor, den Verstand zu verlieren und seelische Kurzschlußhandlungen zu begehen

7 *Chestnut Bud:* Man lernt aus Erfahrungen nicht genug und gerät immer wieder in die gleichen Schwierigkeiten

8 *Chicory:* Man kümmert sich zuviel um andere, um diese an sich zu binden

9 *Clematis:* Der Tagträumer; zeigt wenig Aufmerksamkeit, ist mit den Gedanken immer woanders

10 *Crab Apple:* Selbstekel; man fühlt sich innerlich oder äußerlich unrein (die Reinigungsblüte)

11 *Elm:* Vorübergehendes Gefühl, seiner Aufgabe nicht gewachsen zu sein

12 *Gentian:* Man ist skeptisch, zweifelnd, gibt bei Schwierigkeiten rasch auf

13 *Gorse:* Man ist ohne Hoffnung; kein Glaube mehr an Hilfe

14 *Heather:* Man ist selbstbezogen, braucht die Umwelt, um sich darzustellen

15 *Holly:* Man ist eifersüchtig, mißtrauisch, hegt Haßgefühle und Rachsucht

16 *Honeysuckle:* Wehmutsgefühle; Sehnsucht nach Vergangenem

17 *Hornbeam:* Seelische Erschöpfung; man fühlt sich zu schwach zur Bewältigung der täglichen Pflichten

18 *Impatiens:* Ungeduld; man zeigt überzogene Reaktionen

19 *Larch:* Mangel an Selbstvertrauen; man erwartet Mißerfolge

20 *Mimulus:* Man hat viele Ängste, ist scheu und zurückhaltend

21 *Mustard:* Vorübergehende Depressionen und Traurigkeit

22 *Oak:* Man ist niedergeschlagen und verzweifelt, kämpft aber weiter und gibt nie auf

23 *Olive:* Körperliche und seelische Erschöpfung

24 *Pine:* Man macht sich selbst Vorwürfe und neigt zu Schuldgefühlen

25 *Red Chestnut:* Man sorgt sich zu sehr um andere, zu wenig um sich selbst

26 *Rock Rose:* Innere Panik- und Angstzustände

27 *Rock Water:* Strenge Selbstdisziplin; man unterdrückt Grundbedürfnisse

28 *Scleranthus:* Man ist unschlüssig, hat starke Meinungsschwankungen

29 *Star Of Bethlehem:* Körperliche oder seelische Erschütterung nach Schockerlebnis; (der Seelentröster)

30 *Sweet Chestnut:* Ausweglosigkeit; Verzweiflung; man glaubt vor dem seelischen und körperlichen Zusammenbruch zu stehen

31 *Vervain:* Missionarischer Eifer; man ist fanatisch und treibt dabei Raubbau an seinen Kräften

32 *Vine:* Man ist dominierend, herrschsüchtig, will allen seine Meinung aufzwingen

33 *Walnut:* Man läßt sich von seinen Zielen leicht durch andere abbringen; Wankelmut

34 *Water Violet:* Innere Zurückgezogenheit; man hält sich für überlegen und gibt sich distanziert

35 *White Chestnut:* Unerwünschte Gedanken kreisen ständig im Kopf; innere Selbstgespräche sind nicht abzustellen

36 *Wild Oat:* Man weiß nicht, in welche Richtung man seine Aktivitäten lenken soll

37 *Wild Rose:* Apathie, Resignation, Teilnahmslosigkeit

38 *Willow:* Verbitterung; Groll; man hadert mit dem Schicksal

Rescue Remedy (Notfalltropfen) ist das einzige Kombinationspräparat der Bach-Blüten-Therapie (6, 9, 18, 26, 29). Rescue bewirkt meist in Sekundenschnelle eine Harmonisierung von Seele und Körper und ist daher geeignet für Notfälle und Streßsituationen.

Bach-Blüten
Tafel 1

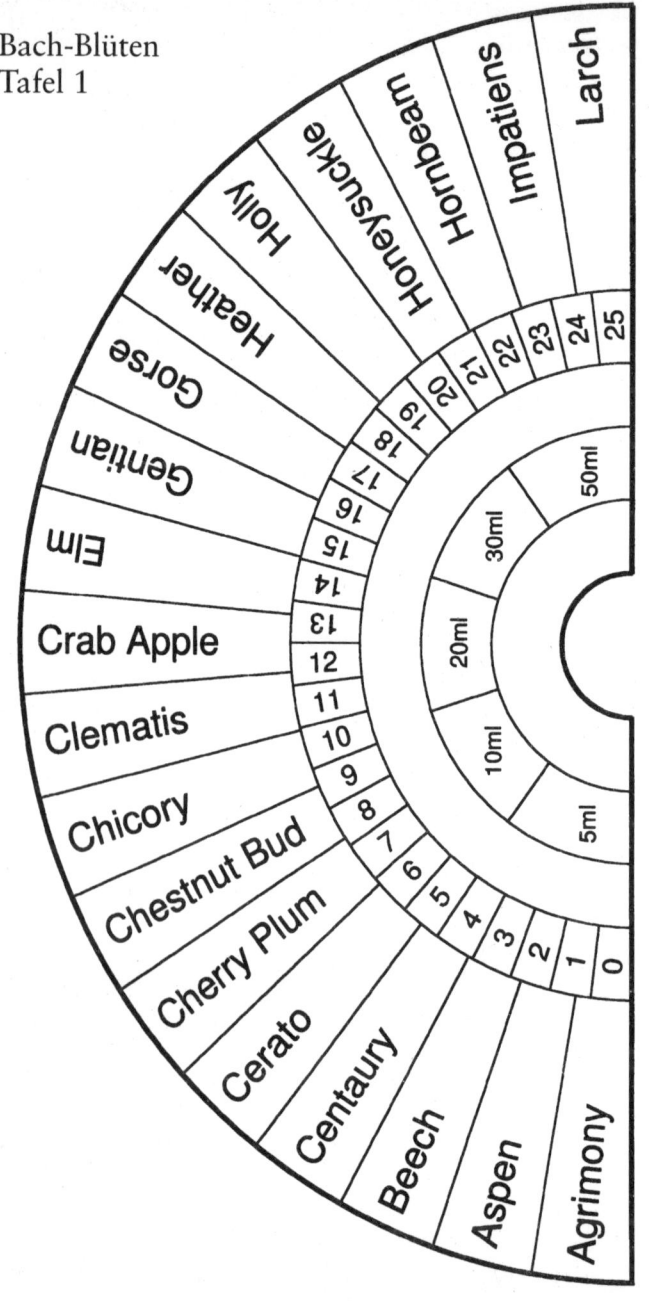

Bach-Blüten
Tafel 2

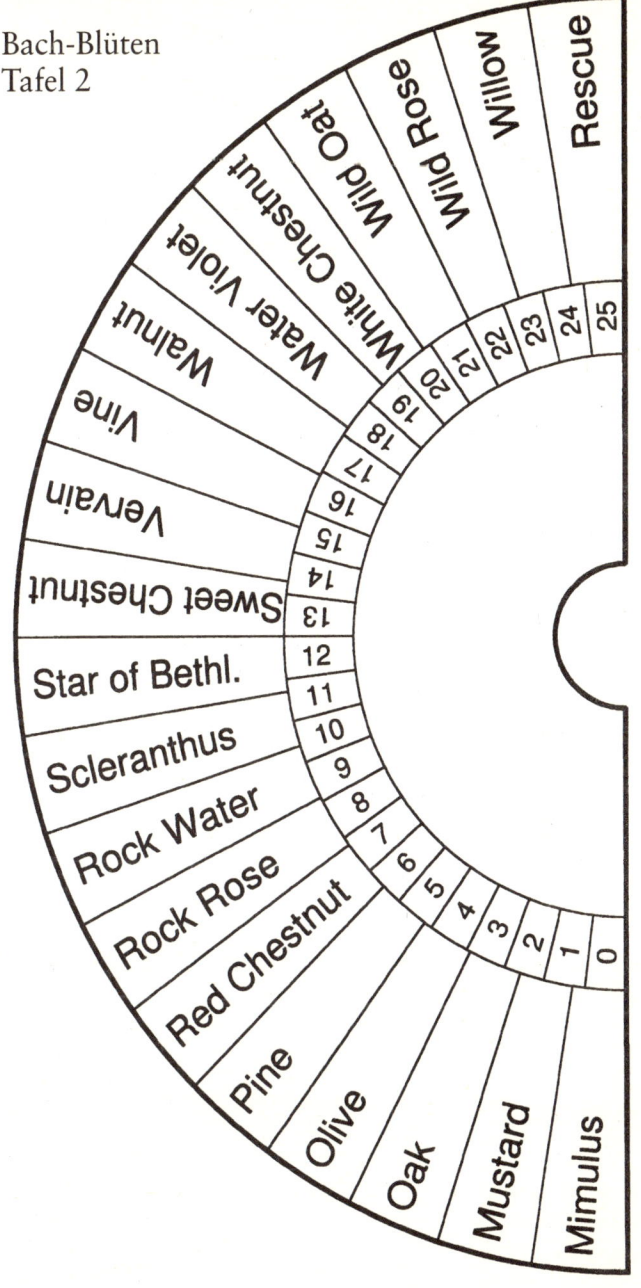

17 Edelstein-Therapie

Die Schwingungseigenschaften von Edel- und Halb-
edelsteinen lassen sich hervorragend zur energetischen
Harmonisierung einsetzen. Diese Mineralien unter-
stützen auf feinstofflichem Weg die Selbstheilungs-
kräfte und sind aufgrund Ihrer spezifischen Eigenschaften sehr gezielt verwendbar.

Anwendungsarten

• Zur Daueranwendung lassen sich die Steine an einer
  Kette *um den Hals tragen*. Tragen Sie den betreffenden Edelstein jedoch nur, solange es Ihnen angenehm erscheint. Mancher Stein hilft nur eine
  gewisse Zeit, bis er sich mit den negativen Energien, die er Ihnen abnehmen soll, aufgeladen hat,
  und wird dann zur Störquelle. Das spürt man an
  einer leichten Abneigung dem Stein gegenüber. In
  diesem Fall sollten Sie ihn unter fließend kaltem
  Wasser von diesen Störschwingungen reinigen und
  in der Sonne trocknen lassen. Anschließend können Sie den Edelstein wieder für den gewünschten
  Zweck verwenden.

• Eine sehr effektive Anwendungsart ist das *Auflegen
  auf ein Chakra*. Der betreffende Stein wird zu diesem Zweck sehr sorgfältig mittels Pendel ausge-
  wählt und anschließend in das Zentrum des passenden Chakras, das ebenfalls mit dem Pendel ermittelt wurde, gelegt. Die Wirkung dieser Methode

ist um ein vielfaches effektiver, weil die heilende Schwingung direkt in ein Energiezentrum gebracht wird. Dementsprechend kurz, etwa im Minutenbereich, sollte die Anwendungsdauer sein.

• Ein *Edelsteinelixier* stellt man folgendermaßen her: Legen Sie den betreffenden Stein über Nacht in ein Glas mit klarem Wasser. Die Flüssigkeit nimmt in dieser Zeit das Schwingungsmuster des Edelsteines an und kann am nächsten Tag getrunken oder auch als Badezusatz verwendet werden.

• Auch *Handsteine* werden manchmal verwendet. Diese sind jedoch aufgrund der nötigen Größe meist nur bei preisgünstigen Mineralien erhältlich. Diese kugel- oder eiförmigen Steine werden zur Wirkungsentfaltung in der Hand gehalten oder gedreht.

Edelstein-Therapie
Tafel 1

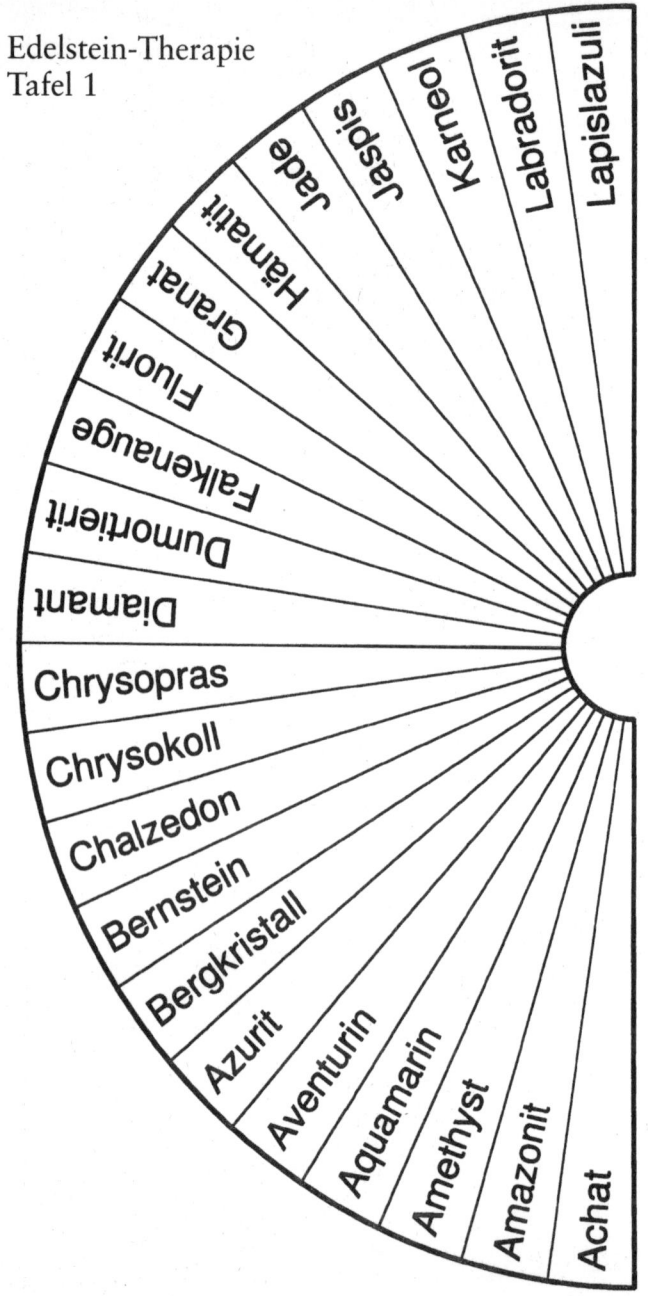

Lapislazuli
Labradorit
Karneol
Jaspis
Jade
Hämatit
Granat
Fluorit
Falkenauge
Dumortierit
Diamant
Chrysopras
Chrysokoll
Chalzedon
Bernstein
Bergkristall
Azurit
Aventurin
Aquamarin
Amethyst
Amazonit
Achat

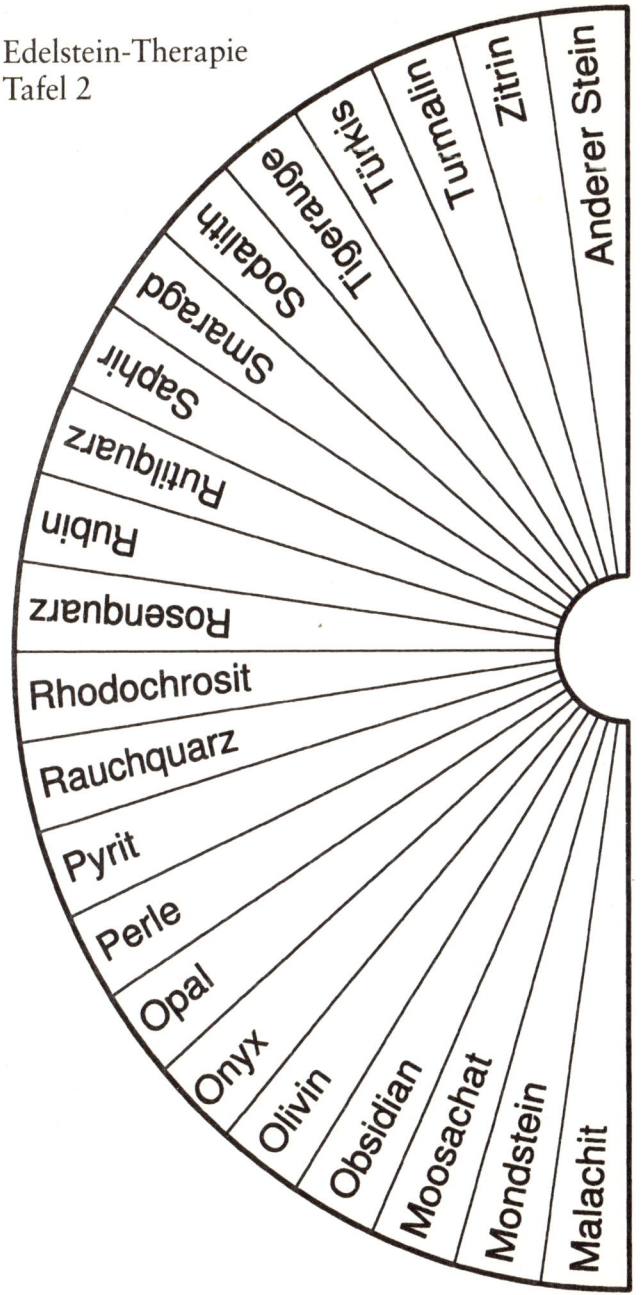

Edelstein-Therapie
Tafel 2

Anderer Stein
Zitrin
Turmalin
Türkis
Tigerauge
Sodalith
Smaragd
Saphir
Rutilquarz
Rubin
Rosenquarz
Rhodochrosit
Rauchquarz
Pyrit
Perle
Opal
Onyx
Olivin
Obsidian
Moosachat
Mondstein
Malachit

18 Homöopathie

Homöopathie heißt wörtlich übersetzt »ähnliche Krankheit«. Man verwendet hier, dem Ähnlichkeitsprinzip entsprechend, Heilmittel, die ähnliche Symptome hervorrufen wie die zu heilende Krankheit. Der ähnliche, feine Reiz bringt den Heilungsprozeß in Gang, regt den Körper zur Selbstheilung an. Bei der Heilmittelfindung sollte sich eine möglichst genaue Übereinstimmung zwischen Krankheitsbild und Arzneimittelbild ergeben. Dieser Prozeß, der *Repertorisation* genannt wird, fordert dem Homöopathen viel Wissen und Erfahrung ab. Mit Hilfe eines Pendels ist es ungleich einfacher, die wirksamste Arznei zu finden, benötigt werden dazu lediglich die passenden Pendeltafeln oder entsprechende Unterlagen. Wenn keine Pendeldiagramme verfügbar sind, kann der praktizierende Homöopath oder interessierte Laie natürlich auf sein homöopathisches Wissen zurückgreifen, um mittels Vorselektion die in Frage kommenden Mittel auf eine überschaubare Zahl einzugrenzen. Anschließend kann aus dieser Menge die wirksamste Arznei durch Einzelabfragen erpendelt werden.

Die pflanzlichen oder mineralischen Ausgangsstoffe werden zur Wirkungsentfaltung potenziert, ein Prozeß, bei dem das ursprüngliche Heilmittel oftmals verdünnt und verschüttelt wird. Durch die *Potenzierung* steigert sich die Wirkung der Arznei, die heilende Schwingung geht auf den Trägerstoff (Alkohol, Milchzucker) über und wird dabei verstärkt. Die meist verwendeten Dezimalpotenzen sind durch den Buchstaben D gekennzeichnet; d.h. D 1 ist eine Verdünnung von 1:10, D3 bedeutet 1:1000 und so weiter. Ab einer Potenz von D 12 läßt sich die materielle Ausgangssubstanz nicht mehr nachweisen, es wirkt die reine, dynamisierte Schwingung.

Wenn Sie das erste Mal mit homöopathischen Arzneien zu tun haben, können Sie anhand dieser Übung den Umgang mit den Substanzen trainieren. Nehmen Sie einige Fläschchen homöopathischer Arzneien, und stellen Sie sie so hin, daß Sie die Beschriftung nicht erkennen können. Dann versuchen Sie, die Potenz jedes dieser Heilmittel zu bestimmen. Verwenden Sie dazu am besten die nebenstehende Tafel. Das Ergebnis können Sie gleich anschließend auf Richtigkeit überprüfen. Üben Sie so lange, bis sich überwiegend richtige Resultate einstellen.

Zur Zeit sind etwa 3000 homöopathische Arzneien bekannt, für den Hausgebrauch reicht jedoch durchaus die nebenstehende homöopathische Hausapotheke. Mit Hilfe dieser Tafel können Sie auch gleich die wirksamste Potenz des ermittelten Heilmittels bestimmen.

Die nach Gabe homöopathischer Mittel gelegentlich vorkommende sogenannte *Erstverschlimmerung* ist eine kurzfristige Verstärkung der Beschwerden. Dies ist ein gutes Zeichen, weist diese Reaktion doch auf den Beginn des Heilungsprozesses hin.

Dosierungsrichtwerte

1 Gabe entspricht 1 Tablette oder 5 Globuli (Kügel-chen) oder 5 Tropfen.

Potenz		
D 6	3 mal täglich
D 12	2 mal täglich
D 30	1 mal wöchentlich
D 100	1 mal monatlich

Die wirksamste Dosierung bestimmt man am besten ebenfalls mit Hilfe des Pendels.

Homöopathie
Hausapotheke

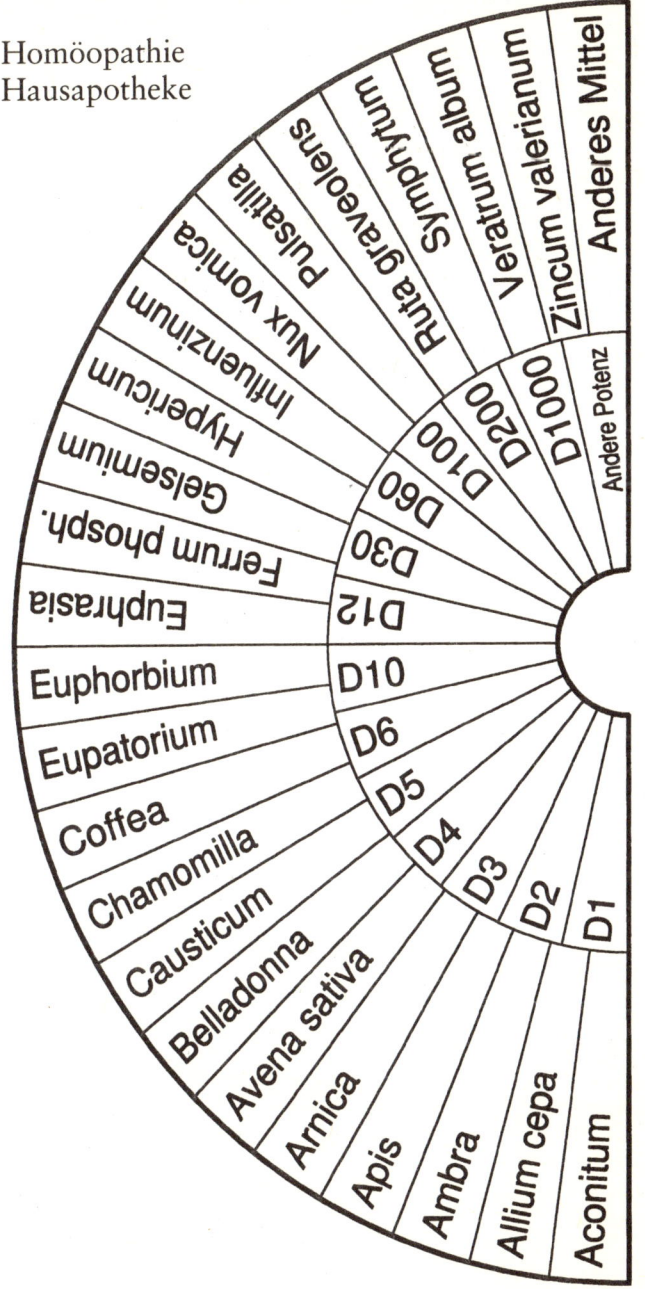

Anderes Mittel
Zincum valerianum
Veratrum album
Symphytum
Ruta graveolens
Pulsatilla
Nux vomica
Influenzinum
Hypericum
Gelsemium
Ferrum phosph.
Euphrasia
Euphorbium
Eupatorium
Coffea
Chamomilla
Causticum
Belladonna
Avena sativa
Arnica
Apis
Ambra
Allium cepa
Aconitum

D1000
D200
D100
D60
D30
D12
D10
D6
D5
D4
D3
D2
D1
Andere Potenz

19 Vitamine, Mineralstoffe und Spurenelemente

Vitamin- bzw. Mineralstoffmangel sind in der heutigen Zeit sehr häufig anzutreffen. Einseitige Ernährung, Belastungen mit Umweltgiften und Resorptionsstörungen sind meist die Ursache. Ein solcher Mangelzustand kann lange unentdeckt bleiben und zu verschiedensten gesundheitlichen Problemen führen. Es ist daher immer empfehlenswert, sich über sein Vitamin-Mineralstoff-Niveau zu informieren. Die beste und einfachste Methode, dies zu tun, bietet natürlich Ihr Pendel. Überprüfen Sie in regelmäßigen Zeitabständen Ihren Bedarf an diesen Stoffen. Sie finden hier zu diesem Zweck zwei Diagramme, auf denen alle Vitamine, Mineralstoffe und Spurenelemente aufgefächert sind.

Verwendung der Pendeldiagramme

1. Stellen Sie anhand des mittleren Ringes die Anzahl der Vitamine fest, an denen ein Mangel besteht: »An wie vielen Vitaminen besteht bei mir ein Mangel?«
2. Ermitteln Sie diese Vitamine der Reihe nach: »Welches ist das erste/zweite/... Vitamin, an dem es mir mangelt?«
3. Als letzten Schritt stellen Sie anhand des inneren Ringes für jedes zuvor ermittelte Vitamin den Mangel in Prozent fest, beispielsweise: »Wie groß ist mein Mangel an Vitamin C in Prozent?«

Gleiches gilt auch für die Tafel Mineralstoffe und Spurenelemente. Mängel ab ewa 20 Prozent sollten unbedingt durch entsprechende Nahrungsmittel oder Zusatzpräparate ausgeglichen werden. Soweit möglich, sollte man Präparate verwenden, die aus natürlichen Produkten hergestellt wurden. Diese sind gegenüber künstlichen Vitaminpräparaten weitaus besser resorbierbar und verträglicher.

Vit.	Name	wichtig für
A	Retinol	Sehkraft, Haut, Haare Knochenwachstum
D	Calciferol	Knochenwachstum
E	Tocopherol	Antioxidans-Schutzwirkung, wirkt gegen Cholesterin, Arteriosklerose
K	Phyllochinon Menachinon	Blutgerinnung
C	Ascorbinsäure	Abwehrkraft, Wundheilung, Knochen- und Zahnwachstum, Antioxidans-Schutzwirkung
B1	Thiamin	Organfunktion, Nervensystem, Muskeln
B2	Riboflavin	Stoffwechsel, Augen, Schleimhäute
PP	Nicotinsäure	Stoffwechsel
B6	Pyridoxin	Stoffwechsel, Nervensystem, Immunsystem,
	Pantothensäure	Stoffwechsel, Immunsystem, Entgiftung
H	Biotin	Stoffwechsel
	Folsäure	Zellneubildung
B12	Cobalamin	Stoffwechsel, Bildung der roten Blutkörperchen

Vorkommen besonders in	empf. Tageszufuhr
Möhren/Karotten, Kohl, Spinat, Aprikosen, Leber	1,7 – 2,7 mg
Hering, Sardinen, Fischleberöl, Milchprodukten, Avocado	10 µg
Pflanzliche Öle, Nüsse, Schwarzwurzel, Himbeere	30 mg
Sauerkraut, Spinat Rosenkohl	0,15 mg
Zitrusfrüchte, Acerola, Kiwi, Johannisbeere, Sanddorn, Paprika, Broccoli	75 mg
Vollkorngetreide, Innereien, Hülsenfrüchte	1,5 mg
Milchprodukte, Fleisch, Eier, Leber, Seefisch	1,6 – 2 mg
Vollkorngetreide, Leber, Fisch, Röstkaffee	18 – 20 mg
Fisch, Leber, Kartoffel, Banane, Vollkorngetreide	2 – 2,5 mg
Innereien, Hefe, Vollkornprodukte, Eigelb	6 mg
Eigelb, Nüsse, Hülsenfrüchte, Rinderleber	30 – 100 µg
Spargel, Tomaten, Kopfsalat, Kohlarten, Sojabohnen, Hefe	0,15 mg
Leber, Nieren, Hering, Makrele	3 µg

107

Vitamine

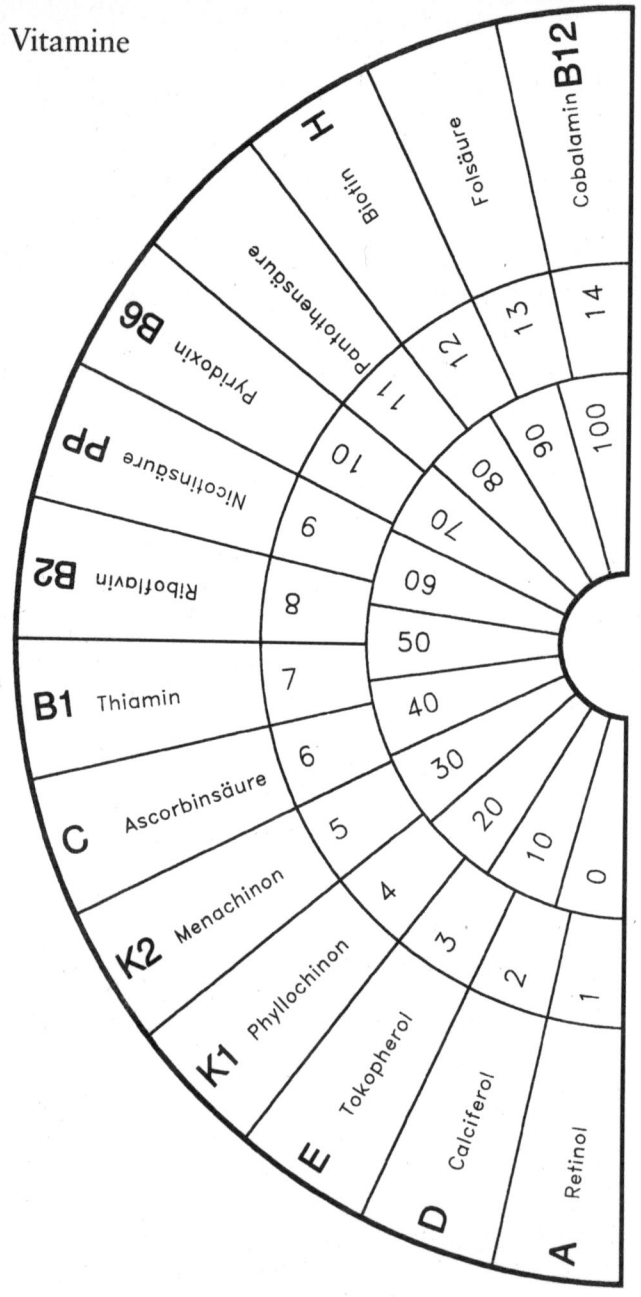

Mineralstoffe und Spurenelemente

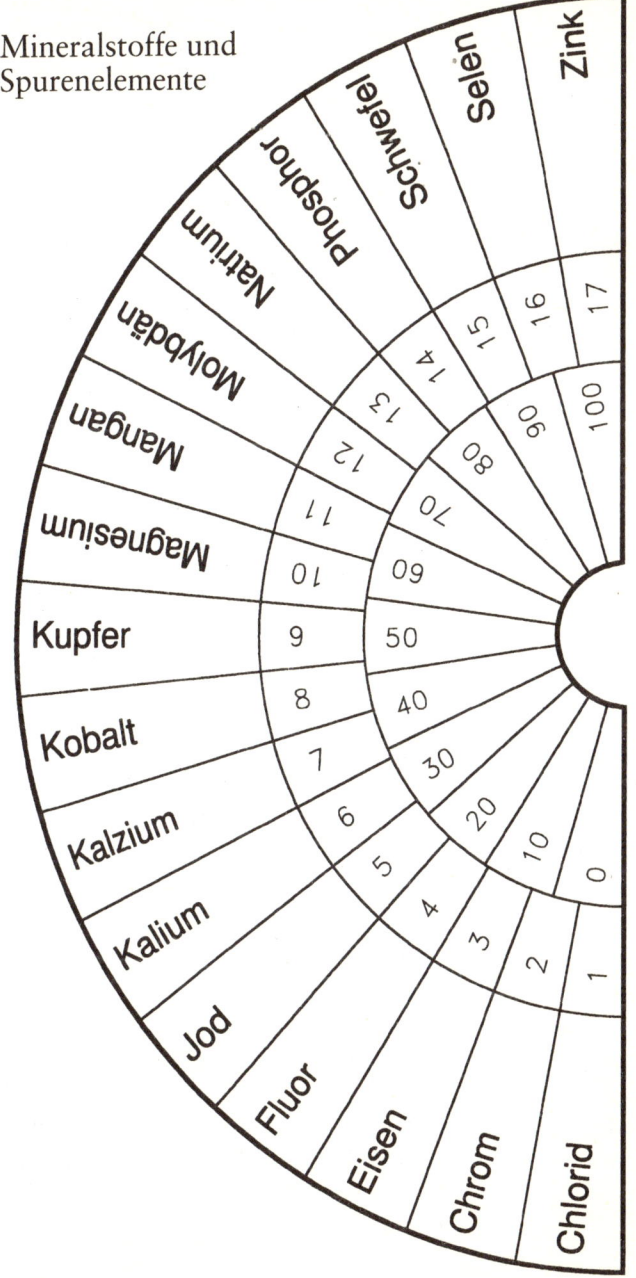

20 Ernährung

Die Ernährung ist einer der wichtigsten Bereiche unseres Lebens. Die Nahrungsmittel, die wir täglich zu uns nehmen, bestimmen zu einem großen Teil sowohl unsere Gesundheit als auch unsere geistige Verfassung. Oft wird man heute auf eine ausgewogene Ernährung hingewiesen, unzählige Ernährungsrichtlinien und -grundsätze werden verbreitet. Immer neue Diätformen werden veröffentlicht, von denen viele versprechen, die beste zu sein. Hier einen klaren Weg zur richtigen Ernährung zu sehen, ist mitunter recht schwierig.

Im wesentlichen bestehen unsere Nahrungsmittel aus Eiweiß, Fett, Kohlenhydraten, Vitaminen, Mineralien und Wasser. Diese Stoffe sollte man in einem ausgewogenen Verhältnis und in adäquater Menge zu sich nehmen. Jeder Mensch ist jedoch verschiedener Natur, die für jeden gleichermaßen richtige Ernährung oder Diät gibt es schlichtweg nicht. Ausgewogenheit in der Ernährung ist ein dehnbarer Begriff, der sich letztlich nur individuell definieren läßt.

Der Pendel kann hier Klarheit schaffen, man hat die Möglichkeit, für sich oder für andere die individuell optimalen Nahrungsmittel zu bestimmen. Dies ist gewiß mit einigem Aufwand verbunden, betrachtet man jedoch den gesundheitlichen Gewinn, so ist diese Vorgehensweise uneingeschränkt für jeden zu empfehlen. Wenn Sie also Ihre Ernährung umstellen oder verbessern wollen – sei es aus gesundheitlichen Gründen, wegen einer Nahrungsmittelallergie oder einfach um das Körpergewicht zu reduzieren – ist es am effektivsten, dies unter Zuhilfenahme des Pendels zu tun.

Auch für die alltägliche Auswahl von Nahrungsmitteln läßt sich der Pendel verwenden. Sollten Sie einmal unsicher sein, ob ein Nahrungsmittel noch genießbar oder bereits verdorben ist, befragen Sie einfach Ihren Pendel. Beim Einkauf beispielsweise kann man unter anderem die Qualität der betreffenden Waren erpendeln, Vergleiche anstellen und auf diese Weise optimal abgestimmt einkaufen.

Bestimmung eines Nahrungsmittels

Zum Auffinden der gesuchten Nahrungsmittel für die gewünschten Zwecke benötigen Sie ein entsprechendes Buch, in dem sich möglichst umfassende Nahrungsmittellisten befinden (Vitaminkompaß, Kalorientabellen etc.). Äußerst vorteilhaft sind Bücher, in denen die einzelnen Lebensmittel in Gruppen angeführt sind. Im Groben kann man unsere Nahrungsmittel folgendermaßen gruppieren:

• Obst
• Gemüse
• Getreide
• Nüsse und Samen
• Milchprodukte
• Fleisch und Fisch
• Süßwaren
• Gewürze
• Nahrungsmittelzusätze

Anhand dieser Einteilung können Sie dann auf einfache Weise mittels Pendel eine Vorselektion vornehmen und anschließend die gewünschte Nahrungsmittelgruppe in dem betreffenden Buch aufschlagen.

Andernfalls müßten Sie Seite für Seite absuchen, was sehr zeitaufwendig wäre, oder alternativ die gesuchte Seite unter Verwendung eines Zahlendiagramms ermitteln, was wiederum etwas fehleranfällig ist. Nachdem man dann auf die eine oder andere Weise die entsprechende Seite gefunden hat, bestimmt man schließlich das gesuchte Lebensmittel durch Einzelabfragen. Folgendes Beispiel verdeutlicht diese Vorgehensweise: Sie wollen jene Nahrungsmittel bestimmen, auf die Sie allergisch reagieren. Sie fragen:

- »Reagiere ich auf ein bestimmtes Obst allergisch?«   »Nein«
- »Reagiere ich auf ein bestimmtes Gemüse allergisch?«   »Nein«
- »Reagiere ich auf ein bestimmtes Getreide allergisch?«   »Ja«
- Nun nehmen Sie das entsprechende Buch zur Hand und schlagen die Gruppe Getreide auf.
- Dort überprüfen Sie die einzelnen Posten mit der Frage: »Reagiere ich auf dieses Getreide allergisch?«, bis Sie schließlich eine positive Antwort erhalten – das gesuchte Nahrungsmittel ist gefunden.
- »Gibt es noch ein weiteres Nahrungsmittel, auf das ich allergisch reagiere?«, sollte nachfolgend gefragt werden. Im Falle der Antwort *Ja* begibt man sich wieder, wie beschrieben, auf die Suche.

Der individuelle Ernährungsplan

Auf diese Weise läßt sich sogar ein vollständiger Ernährungsplan erstellen, der zudem auf die individuellen Bedürfnisse abgestimmt ist. Dies ist zwar sehr zeitaufwendig, weil eine große Anzahl an Nahrungsmitteln einzeln bestimmt werden muß, die Vorteile für den einzelnen sprechen jedoch für sich. Zu empfehlen ist dieses Vorgehen besonders bei unbestimmten Nahrungsmittelunverträglichkeiten und -allergien, bei allen gesundheitlichen Problemen, die auf falsche Ernährung zurückzuführen sind, zur gezielten Gewichtsreduktion oder auch einfach zur Verbesserung der Gesamtverfassung. Um einen entsprechenden Plan zu erstellen, ist es sinnvoll, die Nahrungsmittel zu bewerten und in Gruppen einzuteilen. Folgende vier Gruppen bieten sich an:

1. Nahrungsmittel, die man täglich zu sich nehmen sollte.
2. Nahrungsmittel, die man häufiger zu sich nehmen sollte.
3. Nahrungsmittel, die man gelegentlich zu sich nehmen sollte.
4. Nahrungsmittel, die man vermeiden sollte.

Klassifizieren Sie die einzelnen Nahrungsmittel nach der zuvor besprochenen Methode. Dazu muß lediglich die Fragestellung entsprechend angepaßt werden. Im Falle einer Allergie sollte es genügen, nur die Nahrungsmittel der vierten Gruppe zu ermitteln.

Lebensenergie

Der Brennwert der einzelnen Lebensmittel ist nur ein Gesichtspunkt der Ernährung; viel wichtiger erscheint mit jedoch deren energetische Qualität. Jedes Lebewesen, jede Pflanze besitzt ein bestimmtes Energieniveau (näheres dazu im folgenden Kapitel). Die Lebensenergie eines Nahrungsmittels, das man zu sich nimmt, wirkt sich in jedem Fall auf das persönliche Energienivau aus. Wenn Sie also ein hochwerti-

113

ges Lebensmittel genießen, steigert sich Ihre Energie, der Genuß eines minderwertigen Lebensmittels zieht Energie ab. Man sollte aus diesem Grund darauf achten, möglichst hochwertige, d.h. naturbelassene, frische Waren zu genießen. Beispielsweise liegt das Energieniveau eines frisch gepflückten Apfels weit höher als das eines länger gelagerten. Die heute erhältlichen Nahrungsmittel haben oft ein sehr niedriges Energieniveau (lange Transportdauer, chemische Behandlung). Dies könnte mit ein Grund für das heutzutage weit verbreitete Übergewicht sein. Man versucht über die Nahrung unter anderem Lebensenergie aufzunehmen, erhält jedoch wegen des niedrigen Niveaus zu wenig und ißt daher, was den Brennwert angeht, mehr als einem guttut. Gewichtszunahme ist die logische Folge.

Mit Hilfe der Bovis-Skala (Seite 121) läßt sich auf einfache Weise die Lebensenergie der Nahrungsmittel messen. Aus den erhaltenen Werten läßt sich die energetische Wirkung auf uns ablesen. Nahrungsmittel, die weit unter dem persönlichen Energieniveau liegen, sollte man eher selten zu sich nehmen.

Vergleichen Sie anhand der Bovis-Skala das Lebensenergieniveau verschiedener Nahrungsmittel. Messen Sie z.B. den Wert eines Apfels gleich nach dem Pflücken, nach einem Tag und nach einer Woche. Vergleichen Sie auch den Meßwert eines Stücks Obst, das mit Spritzmitteln behandelt wurde, und eines Stücks aus biologischem Anbau. Die Unterschiede sind beträchtlich.

Der Genuß mancher Nahrungsmittel wirkt aufgrund ihres hohen Energieniveaus und ihrer besonderen Schwingungseigenschaften förderlich auf die spirituelle Entwicklung. Verschiedene Keimlinge, Kräuter, Nüsse oder Gemüse zählen beispielsweise hierzu. Möchte man seine Ernährung gezielt nach diesem Blickpunkt ausrichten, so sollte man wiederum individuell die dafür in Frage kommenden Lebensmittel erpendeln.

Wasser

Wasser ist die Basis allen Lebens, in der Ernährung spielt es eine entscheidende Rolle. Unser Körper besteht zu 2/3 aus Wasser, jenem Wasser, das wir täglich zu uns nehmen. Neben einer ausreichenden Zufuhr ist vor allem die Qualität dieses Elements von entscheidender Bedeutung für unsere Gesundheit. Wasser hat die Fähigkeit, Informationen in sich aufzunehmen und zu speichern; die Homöopathie macht sich diesen Effekt bei der Potenzierung zunutze. Beim Genuß des Trinkwassers geht der gespeicherte Informationsgehalt in uns, genauer gesagt in unsere Körperflüssigkeiten, über, übt also direkten Einfluß auf die Körperfunktionen aus.

Prüfen Sie aus diesem Grund Ihr Trinkwasser auf das Energieniveau mittels Bovis-Diagramm und auf den Informationsgehalt mit der Frage: »Ist der Informationsgehalt dieses Wassers gesund für mich?« Sollte eine Verbesserung der energetisch-informationellen Qualität des Wassers nötig sein, gibt es verschiedene Möglichkeiten:

- *Sonnenbestrahlung* belebt das Wasser und lädt es mit positiven Schwingungen auf.

- *Aufbereitungsgeräte*, wie jene von Grander, Ludwig oder Berchtold und der Quellwasser-Generator nach Schauberger arbeiten nach unterschiedlichen Prinzipien zur entsprechenden Qualitätssteigerung.

- *Harmonische Bewegung* des Wassers, wie man sie in der Natur bei mäandernden Bächen beobachten kann, führt zu einer Energetisierung und Harmonisierung. Im Handel gibt es sogenannte Schwingschalen oder Flowforms, die dies ermöglichen.

- *Farbtafeln*, die man unter den Wasserbehälter legt, bewirken eine Übertragung der Farbinformation auf die Flüssigkeit. Die passenden Farben ermittelt man am besten mittels Pendel.

Mirkowellenherde sollten zur Zubereitung von Speisen unbedingt vermieden werden, weil sie das darin enthaltene Wasser in ein Schwingungs-Chaos versetzen und das Lebensenergieniveau drastisch absenken.

21 Lebensenergie

Lebenskraft oder Lebensenergie ist das, was uns am Leben erhält, was die Lebensvorgänge speist und uns gesund hält. Lebensenergie ist der Antrieb unserer körperlichen, seelischen und geistigen Prozesse. Diese Energie ist in jeder Materie enthalten und wird vom Menschen aus Luft, Wasser, Nahrung und Sonnenlicht aufgenommen. Sie fließt in unserem Körper und wirkt auf alle Körperfunktionen ein. Die meisten Kulturen kennen den Begriff der Lebensenergie. Beispielsweise nennt man sie in China *Chi*, in Japan *Reiki*, in Indien verwendet man den Begriff *Pranah*. In unseren Breiten werden heute hauptsächlich die Begriffe Lebensenergie oder -kraft, Bioenergie oder Orgon gebraucht.

Mit dieser Energie kann man arbeiten, man kann sie positiv aber auch negativ beeinflussen. Körperfunktionen und Lebensenergie stehen in einer direkten Wechselbeziehung. Durch emotionale und physische Probleme kann es zu einem Absinken der persönlichen Lebensenergie und Blockaden des Energieflusses kommen. Hält dieser Zustand längere Zeit an, entstehen dadurch Krankheiten. Vorbeugung durch ein ausreichendes Energieniveau ist daher primäres Ziel. Der Pendel kann dabei entscheidende Hilfe leisten.

Bovis-Skala

Der Physiker A. Bovis hat eine willkürlich festgelegte Skala entwickelt, anhand derer man die Lebensenergie messen kann. Die Abstimmung der einzelnen Pendelpraktiker auf diese Skala, die mentale Eichung, erfolgt über den Durchschnittswert aller Menschen. Dieser Wert liegt etwa bei 5500 Bovis-Einheiten. Man stellt sich vor der ersten Verwendung des Diagramms auf diesen Wert ein.

Die Einsatzmöglichkeiten dieses Diagramm sind vielfältig. Sie haben ein Mittel zur Hand, die Energiewerte von beliebigen Objekten und damit deren energetische Auswirkungen auf Sie zu ermitteln. Der Schlafplatz ist ein wichtiger Ort für eine solche Messung. Über geopathogenen Reizzonen ergeben sich meist niedrige Werte, selbst negative Bovis-Einheiten kommen vor. Solche Plätze wirken extrem energieabziehend und sollten als Schlafplatz vermieden werden. Auch Nahrungsmittel sollten ab und an auf ihren Energiegehalt hin überprüft werden. Energetisch hochwertige Lebensmittel wirken sich positiv auf die persönliche Lebensenergie aus, dies sollte neben den üblichen Ernährungskriterien Beachtung finden. Kraftorte sind Orte von höherer Energie, auch hier läßt sich die Bovis-Skala sinnvoll einsetzen. Näheres finden Sie in den entsprechenden Kapiteln.

Durch emotionale oder körperliche Ungleichgewichte kann es zu Blockaden des Energieflusses kommen. Das Gesamtenergieniveau wird dadurch ungünstig beeinflußt, was mit Hilfe des Bovis-Diagramms gemessen werden kann. Solche Blockaden kann man durch geeignete Maßnahmen auflösen. Durch die Auflösung kommt es oft auch zu einem Ausgleich des verursachenden Ungleichgewichts,

118

was schließlich zur vollkommenen Heilung führt. Heilmethoden wie Akupunktur, Akupressur, Reiki oder Polaritätstherapie setzen an diesem Punkt an. Auch Selbsthilfe-Methoden, die die Energie wieder in Fluß bringen oder den Energiefluß anregen, wie Yoga, Tai Chi oder Edu-Kinesthetik sind dafür geeignet.

Eine intensive Steigerung der Lebensenergie ist unter anderem durch Meditation, Kundalini-Yoga, Kinesiologie, Huna-Übungen oder auch durch vorteilhafte Ernährung möglich. Die direkten Auswirkungen der einzelnen Praktiken lassen sich durch anschließende Messungen feststellen. Die effektivste Technik zur Energiesteigerung kann auf diese Weise bestimmt werden. Folgende Übung, die aus der Huna-Praxis kommt, führt zu einer Energie-Hochladung.

Stellen Sie sich mit weit gespreizten Beinen und seitlich in Schulterhöhe ausgestreckten Armen hin, die Handinnenflächen halten Sie dabei nach oben. In dieser Stellung sagen Sie laut: »Lebensenergie fließt jetzt in mich, ich fühle es.« Diese Formel wiederholen Sie etwa fünfmal, jeweils mit einer kurzen Pause dazwischen. Das Ziel ist eine Energiehochladung, daran sollten Sie während der Übung ständig denken. Wenn Sie schließlich Wärme oder ein Kribbeln in den Händen spüren, ist dies ein Zeichen der Aufladung.

Energie-Regulation mittels Pendel

Mit Hilfe der folgenden, einfach anzuwendenden Methode können Sie Ihre Lebensenergie im Falle einer Schwächung wieder auf das persönliche Normalniveau zurückbringen. Man kann sich damit nicht in einen energetischen Hochzustand versetzen, sondern lediglich Energieverluste ausgleichen.

Halten Sie Ihren Pendel in geringem Abstand über der linken Handinnenfläche (Handchakra), die nach oben gerichtet ist. Der Pendel wird zu kreisen beginnen. Beeinflussen Sie die Bewegungen des Pendels nicht, lassen Sie ihn frei arbeiten. Sie werden vermutlich ein leichtes Kribbeln oder Wärme in Ihrer linken Hand spüren. Das ist Energie, die über den Pendel in Ihr linkes, das aufnehmende, Handchakra fließt. Lassen Sie den Pendel so lange kreisen, bis er von selbst wieder stillsteht. Wenn der Pendel schließlich zur Ruhe kommt, fließt keine Energie mehr, der energetische Grundzustand ist wiederhergestellt.

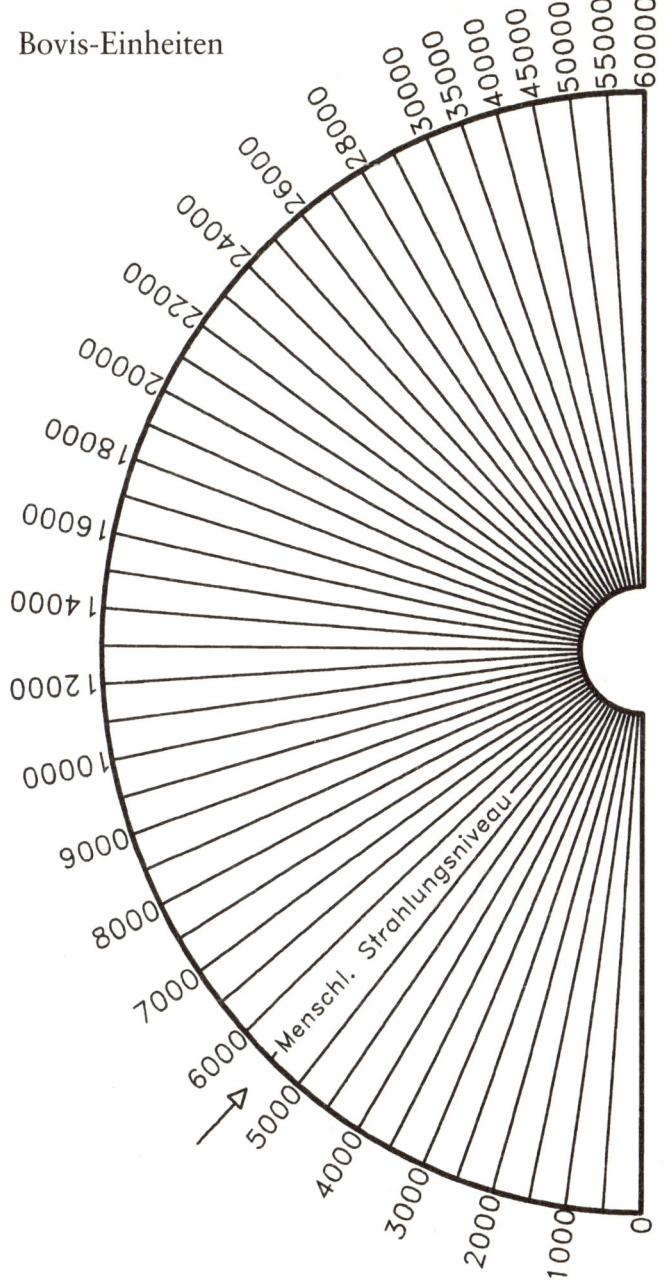

Bovis-Einheiten

22 Aura

Die Aura ist eine bioenergetische Hülle, die unseren physischen Körper vollkommen umgibt. Die Aura jedes Menschen ist einzigartig in Form und Farbe und spiegelt seinen Charakter und seine Gesamtverfassung wider. Dieses Energiefeld steht in ständiger Wechselwirkung mit den menschlichen Seinsebenen und erlaubt über die Merkmale Form, Größe und Farbe Rückschlüsse auf den körperlichen, seelischen und geistigen Zustand des einzelnen. Diese Charakteristika variieren stark und sind individuell sehr unterschiedlich ausgeprägt. Beim gesunden Menschen ist die Aura elliptisch bis eiförmig. Die Ausdehnung ist von der persönlichen Verfassung abhängig und reicht durchschnittlich von 30 Zentimetern bis 45 Zentimetern. Bei geistig hochentwickelten Menschen kann die Aura jedoch auch Ausdehnungen bis zu mehreren hundert Metern erreichen.

Die Farben und ihre Lokalisierung geben Aufschluß über sämtliche Aspekte der betreffenden Person. Am Ende dieses Kapitels wird auf die Bedeutung der einzelnen Farben und ihrer Schattierungen genauer eingegangen.

Nur sehr wenige Menschen sind in der Lage, die Aura zu sehen. Bei Kindern kommt diese Fähigkeit häufiger vor, verliert sich aber meist mit zunehmendem Alter, vermutlich aufgrund der Vernachlässigung solcher Begabungen in der heutigen Erziehung. Mit intensiver Übung kann man diese verlorengegangene Fähigkeit zurückgewinnen. Fürs erste wollen wir jedoch den Pendel als passendes Verbindungsstück zur Wahrnehmung der feinstofflichen Energien der Aura verwenden.

Bestimmung von Form und Ausdehnung

Die Gestalt der Aura wird am besten durch direkte Untersuchung am Menschen bestimmt. Die freie Hand verwendet man als Sensor, den Pendel als Anzeiger. Den Pendel halten Sie dabei am besten in der Ruheposition, während Sie mit der freien Hand das Energiefeld abtasten. Als Fragestellung eignet sich die Formulierung: »Befindet sich hier die Aura dieses Menschen?« Sobald Sie mit dem Handsensor in das Feld der Aura eintauchen, wird der Pendel dies über die Ja-Schwingung anzeigen; wenn Sie das Feld wieder verlassen, wird der Pendel wieder in die Ruheposition übergehen. Die Ränder der Aura und somit ihre Ausdehnung und Form sind auf diese Weise genau und einfach zu bestimmen.

Gelegentlich vorkommende Verformungen des Energiefeldes lassen auf Ungleichgewichte im emotionalen oder physischen Bereich schließen. Einbuchtungen der Aura deuten auf Schwächung im entsprechenden Bereich hin. Derartige Ungleichgewichte im Energiefeld zeigen sich bereits vor der körperlichen Manifestierung einer Erkrankung. Die Auradiagnose kann deshalb auch zur Krankheitsvorbeugung eingesetzt werden.

Bestimmung der Farben

Durch mentales Fragen unter Zuhilfenahme der Farb-Pendeltafel kann man sich einen groben Überblick über die Farbschattierungen in der Aura verschaffen. Sie fragen: »Welche Farbe hat die Aura im Kopfbereich?« Der Pendel wird auf der Farbtafel die entsprechende Farbe anzeigen. Als nächsten Schritt fragen Sie nach der Schattierung: »Welche Schattierung hat diese Farbe im Kopfbereich?« Auf diese Weise bestimmen Sie die Farben der einzelnen Abschnitte wie Kopfbereich, Schulter, Arme, Oberkörper, Bauchbereich, Becken und Beine.

Farbbestimmung mittels Aura-Raster

Eine weitere, genauere Möglichkeit der Farbermittlung bietet das Aura-Raster auf der folgenden Seite. Das Feld der Aura ist in dieser Darstellung in 50 Sektoren aufgeteilt. Die Sektoren wurden nach den am häufigsten vorkommenden Farbverläufen der Aura ausgerichtet. Mittels Pendel und Farb-Pendeldiagramm bestimmt man Sektor für Sektor Farbe und Schattierung. Während der Fragestellung sollte man mit einem Finger der freien Hand auf den jeweiligen Abschnitt zeigen, um Verwechslungen auszuschließen. Die ermittelte Farbe trägt man in den betreffenden Sektor ein. Ein besonders anschauliches Ergebnis erhält man, wenn man die Farben mit Buntstiften (auf die Schattierung achten!) in die Abschnitte einzeichnet. Hat man schließlich alle Sektoren erpendelt, ergibt sich daraus ein relativ genaues und vor allem ein visuelles Gesamtbild der Aura.

Fertigen Sie von dem leeren Aura-Raster einige Fotokopien an, und verwenden Sie nur die Kopien, damit Sie die Methode auch beliebig oft anwenden können.

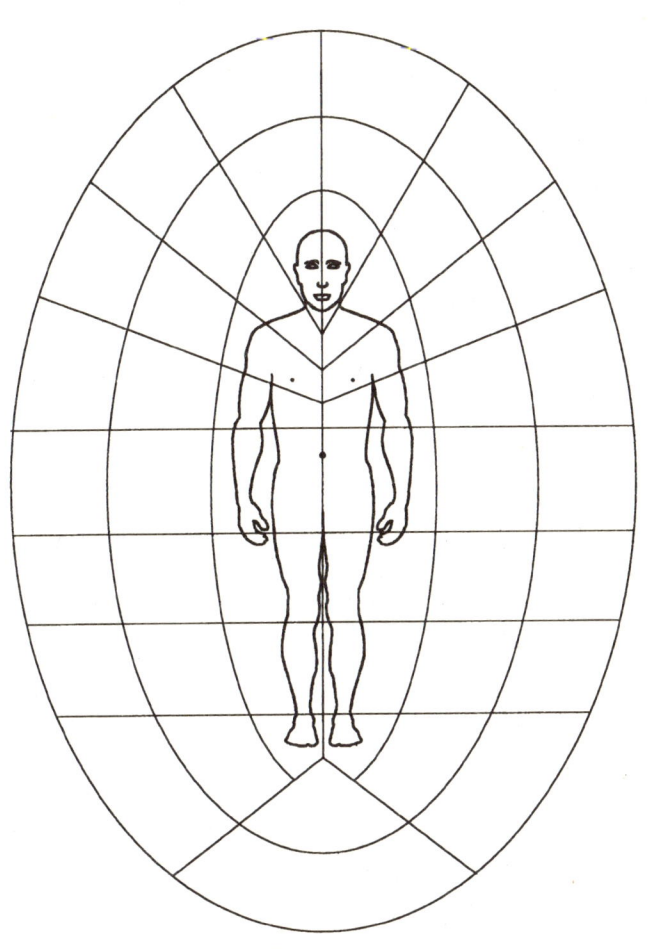

125

Farbbestimmung mittels Codesystem

Wenn Sie des öfteren die menschliche Aura untersuchen wollen, bietet sich die Entwicklung und Anwendung eines Codesystems, wie es in Kapitel 11 beschrieben wurde, an. Sie vereinbaren für die verschiedenen Farben entsprechende Pendelschwingungen. Zusätzlich läßt sich die Ausdehnung der Schwingung zur Erkennung der Farbschattierung verwenden. Eine Kreisschwingung mit geringem Durchmesser könnte beispielsweise Dunkelrot bedeuten, ein Kreis mit großem Durchmesser hieße Hellrot. Mit dem Handsensor tastet man langsam die Aura ab und läßt sich gleichzeitig die Farbe im untersuchten Bereich über den Pendel anzeigen. Dies ist auch eine hervorragende Methode, um das Erfühlen von unterschiedlichen Energien zu erlernen. Der Pendel zeigt den Übergang von einer Farbe zur anderen sofort an – dies läßt sich mit einiger Übung auch über die unterschiedliche Empfindung in der abtastenden Hand erkennen. Besonders empfindsame Menschen können auf diese Weise ihre Sensitivität so weit steigern, daß die Aura schließlich auch ohne Pendel untersucht und gedeutet werden kann.

Auch Fotografien in ausreichender Größe sind für diese Methode geeignet, wobei man dann anstatt des Handsensors ein entsprechend feines Instrument, z.B. einen Bleistift, zum Abtasten der Aura verwendet.

Bedeutung der Aurafarben

Die Farben spiegeln Gefühle und Charakter und auch gesundheitliche Aspekte wider. Farben, die man in Körpernähe findet, stehen eher für körperliche Aspekte, Farben im äußeren Bereich der Aura haben

Bezug zur emotionalen oder sogar geistigen Ebene. Von besonderer Bedeutung sind Schattierung und Intensität der Farben. Je heller und pastellartiger die Farbe, desto harmonischer ist der Zustand des jeweiligen Menschen. Trübe bis dunkle Farbtöne lassen eher auf Probleme und Disharmonien schließen. Aufgrund der mannigfaltigen Schattierungsmöglichkeiten und Farbmischungen erfordert die richtige Interpretation der Aurafarben viel Erfahrung, Gefühl und Wissen. Die folgende Übersicht der wichtigsten Aurafarben hilft Ihnen bei Ihren ersten Schritten als Aura-Interpret.

Rot
Hell bis leuchtend: Liebe, Leidenschaft, Impulsivität
Trüb bis dunkel: Wut, Aggression, Entzündung

Orange
Hell bis leuchtend: Mut, Friede, soziale Wärme, gefühlvoll
Trüb bis dunkel: Stolz, Sorgen, Eitelkeit, Trägheit

Gelb
Hell bis leuchtend: Optimismus, Intellekt, geistige Aktivität, starker Wille, Vernunft
Trüb bis dunkel: kritische intellektuelle Maßstäbe, Selbstsucht

Grün
Hell bis leuchtend: Mitgefühl, Sensibilität, Freundlichkeit, Ruhe
Trüb bis dunkel: Geiz, Selbstzweifel, Mißtrauen, Gefühlskälte, Ehrgeiz

Blau
Hell bis leuchtend: Intuition, mediale Fähigkeiten, innere Ruhe, Ehrlichkeit
Trüb bis dunkel: Einsamkeit, Melancholie, Überempfindlichkeit

Violett

| Hell bis leuchtend: | Spiritualität, hohe geistige Entwicklung |
| Trüb bis dunkel: | Irrationalität, Anmaßung |

Rosa

| Hell bis leuchtend: | Mitgefühl, Nächstenliebe, Freude, Verbundenheit |
| Trüb bis dunkel: | Unreife, Sentimentalität |

Braun

| Hell bis leuchtend: | Fleiß, Ordnungsliebe |
| Trüb bis dunkel: | Geiz, Starrheit, Egoismus, energetische Blockade |

Schwarz:
Haß, Bosheit, Krankheit

Grau
Angst, Mutlosigkeit, Depression, Energiemangel

Weiß
Reinheit, Wahrheitsliebe

Gold
Reinheit, Inspiration, höheres Bewußtsein, Selbstlosigkeit

Farben

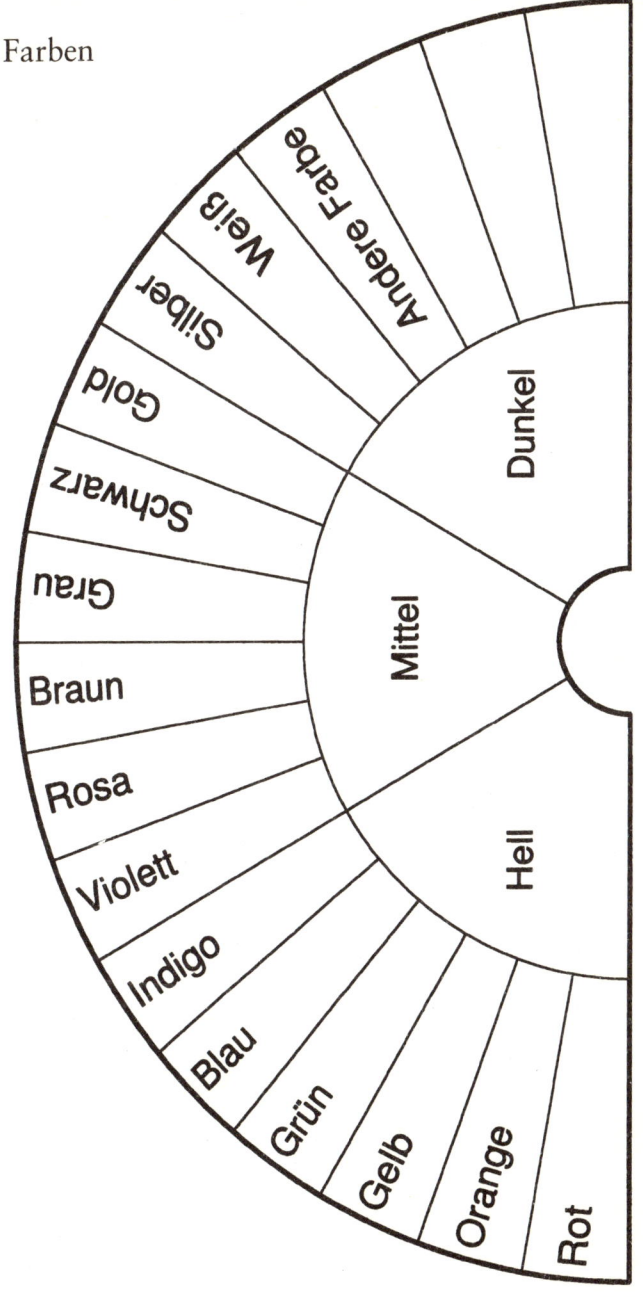

Andere Farbe
Weiß
Silber
Gold
Schwarz
Grau
Braun
Rosa
Violett
Indigo
Blau
Grün
Gelb
Orange
Rot

Dunkel
Mittel
Hell

23 Chakras

Die Chakras spielen eine wichtige Rolle im Energie-
system des Menschen. Es sind Energiezentren, die
sich in ständig kreisender Bewegung befinden, daher
auch die Sanskrit-Bezeichnung *Chakra*, was soviel
wie *Rad* bedeutet. Der Mensch besitzt sieben Hauptchakras, die sich in der Körpermittellinie befinden,
und etliche Nebenchakras, auf die hier jedoch nicht
näher eingegangen werden soll. Über diese Punkte
zirkuliert die Lebensenergie, wobei jedes der sieben
Chakras für eine andere Art von Energie steht. Das
Wurzel-Chakra beispielsweise ist die Eintrittspforte
für die sogenannte Kundalini-Kraft, die von hier aus
die Wirbelsäule hinaufsteigt. Dieser Vorgang, der
Energiefluß der Kundalini entlang der Wirbelsäule
und deren Verbindung zu den Hauptchakras, konnte
mittlerweile dank der Feedback-Forschung meßtech-
nisch nachgewiesen werden. Mit zunehmender Be-
wußtseinsentwicklung steigt diese Kraft immer weiter auf und aktiviert die erreichten Chakras.

Diese Übung, die an die Yoga-Praktik Mula
Bandha angelehnt ist, aktiviert die Kundalini-
Kraft.
Setzen Sie sich mit gerade aufgerichteter Wirbelsäule hin. Aktivieren Sie nun die Kundalini-
Kraft, indem Sie die Muskulatur im Bereich
von Anus und Damm anspannen und nach
oben ziehen. Gleichzeitig atmen Sie langsam
und tief ein und ziehen mit dem Atemzug die

Energie vom Becken die Wirbelsäule entlang nach oben. Das Aufsteigen der Energie im Rücken kann man dabei förmlich fühlen. Nach einigen Sekunden atmen Sie langsam aus und entspannen dabei die Muskulatur wieder. Diesen Vorgang wiederholen Sie einige Male.

Einen besonderen Energieschub erreicht man, wenn die Kundalini-Energie das Gehirn erreicht. Bei regelmäßiger Durchführung dieser Übung werden Kundalini und Chakras dauerhaft entwickelt.

Es besteht eine direkte Wechselbeziehung zwischen geistiger, körperlicher und Chakra-Entwicklung. Auf körperlicher Ebene entsprechen die Chakras wichtigen Steuerungselementen des physischen Körpers, den Drüsen. Probleme auf der Gefühlsebene wirken auf bestimmte Chakras ein und können zu Blockaden im Energiefluß führen. Faktoren wie Streß, seelische und körperliche Belastungen verhindern eine harmonische Entwicklung der Energiezentren, blockieren den Menschen in seiner geistigen wie auch körperlichen Entwicklung und können schließlich auch zu physischer Krankheit führen.

Mit der Pendeltafel auf Seite 136 können Sie sich einerseits einen allgemeinen Überblick über die Entwicklung der sieben Hauptchakras verschaffen, andererseits gezielt Chakras ermitteln, bei denen Blockaden bestehen.

Im ersten Fall gehen Sie einfach die einzelnen Chakras durch und stellen die Frage nach der Entwicklung in Prozent. Dazu steht Ihnen die innere Skala zur Verfügung. Auf diese Weise erhält man einen Überblick über die persönliche energetische Entwicklung, woraus sich Rückschlüsse auf die emotionale, charakterliche und körperliche Verfassung ziehen lassen.

Zur gezielten Bestimmung von Blockaden stellen Sie als ersten Schritt, bezogen auf die betreffende Person, die Frage: »Bestehen Chakra-Blockaden?« Sollte diese Frage mit Ja beantwortet werden, fragen Sie dann weiter: »Bei welchem Chakra bestehen Blockaden?« Der Pendel wird auf das betroffene Chakra ausschlagen. Als weiterer Schritt ermittelt man anhand des inneren Diagramms den Grad der Blockade in Prozent.

Lage der Chakras

- Das Erste oder *Basis-Chakra* liegt an der Basis der Wirbelsäule und öffnet sich nach unten.

- Das Zweite oder *Sakral-Chakra* liegt etwa an der Schamhaargrenze, in Höhe des oberen Endes des Kreuzbeins, und öffnet sich nach vorne.

- Das Dritte oder *Solarplexus-Chakra* liegt zwei Finger breit über dem Nabel, in Höhe des elften Brustwirbels und öffnet sich nach vorne.

- Das Vierte oder *Herz-Chakra* liegt über dem Brustbein in Höhe des Herzens und öffnet sich nach vorne.

- Das Fünfte oder *Hals-Chakra* liegt über dem Kehlkopf und öffnet sich nach vorne.

- Das Sechste oder *Stirn-Chakra* liegt zwischen den Augenbrauen und öffnet sich nach vorne.

- Das Siebte oder *Scheitel-Chakra* liegt am Scheitel und öffnet sich nach oben.

Zuordnungen
Chakra-Harmonisierung

Verschiedene Wege der Harmonisierung sind möglich. Dabei werden jeweils Energieträger mit den passenden Schwingungen in diese Punkte eingebracht.
Besonders gut eignen sich Edelsteine, die für gewisse
Zeit auf die Chakras aufgebracht werden. Ätherische Öle werden am besten in kreisenden Bewegungen im Bereich des betreffenden Chakras einmassiert.
Farbtherapie und alle emotional wirksamen Methoden eignen sich ebenfalls hervorragend zur Chakra-
Harmonisierung. Bekannte Zuordnungen entnehmen Sie der nachfolgenden Tabelle. Die wirksamsten
Mittel zur Harmonisierung sollten wiederum mit
Pendelhilfe bestimmt werden. (Siehe dazu jeweils
auch die entsprechenden Kapitel).

Chakra	Drüse	Farbe
Basis-Chakra	Nebennieren	Feurig-Rot
Sakral-Chakra	Keimdrüsen	Orange
Solarplexus-Chakra	Bauchspeicheldrüse	Gelb Goldgelb
Herz-Chakra	Thymusdrüse	Grün Rosa Gold
Hals-Chakra	Schilddrüse	Hellblau
Stirn-Chakra	Hirnanhangdrüse	Indigoblau
Scheitel-Chakra	Zirbeldrüse	Violett Weiß Gold

134

Gefühl/Eigenschaft	Edelstein	Ätherisches Öl
Lebensenergie, Durchsetzungsvermögen, Körperl. Wohlbefinden, Urvertrauen, Unsicherheit, Angst, Schwäche	Achat Blutjaspis Granat Rubin	Nelke Zeder
Sinnlichkeit, Begehren, Sexualtrieb, Eifersucht	Karneol Mondstein	Sandelholz Ylang-Ylang
Schaffenskraft, Aktivität, Wärme, Gefühlsverarbeitung, Macht, Selbstwertgefühl	Bernstein Tigerauge Zitrin	Bergamotte Lavendel Rosmarin
Liebe, Hingabe, Mitgefühl, Verzeihen, Bestätigung, Anerkennung, Verletzbarkeit	Jade Smaragd Rosenquarz	Rose
Kreativität, Kommunikation, Mut, soziale Unsicherheit, Verschlossenheit	Aquamarin Türkis Chalcedon	Eukalyptus Salbei
Wissen, Erkenntnis, Intuition, Vorstellungskraft, Intellekt. Überbetonung, Überheblichkeit, Vergeßlichkeit	Lapislazuli Saphir- indigoblau Sodalith	Jasmin Minze
Erleuchtung, Hingabe, Angst, Ziellosigkeit	Amethyst Bergkristall	Lotus Olibanum

Chakras

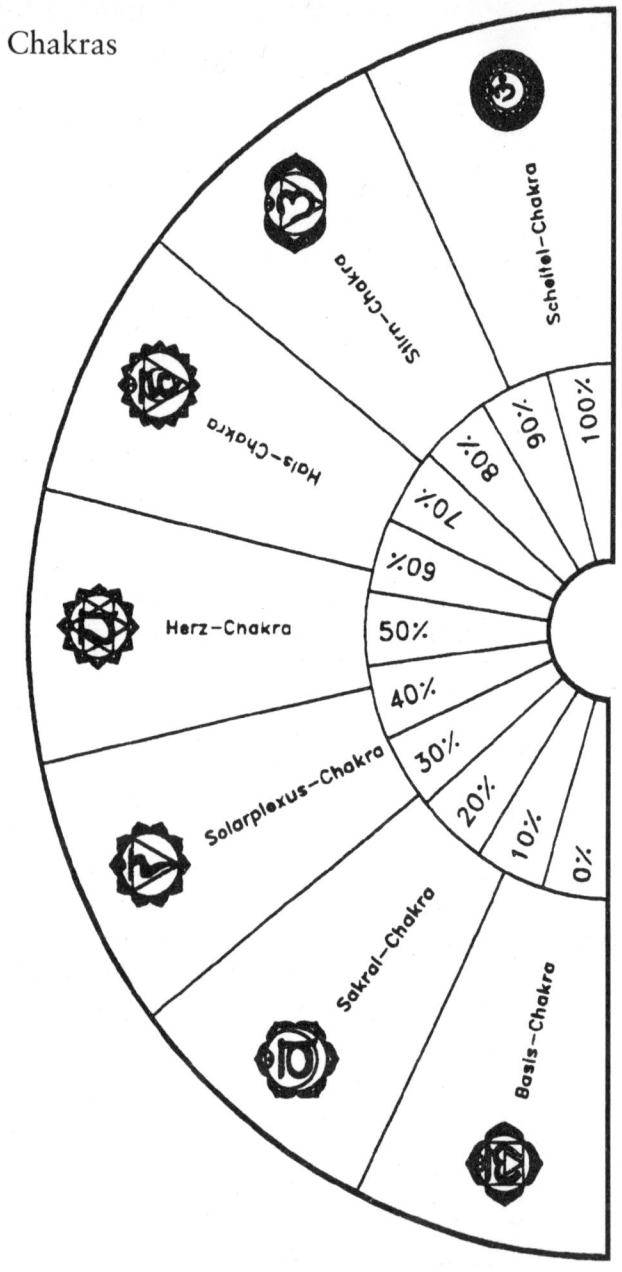

24 Gefühle

Emotionen bestimmen unser Leben. Positive, stärkende Gefühle heben unser geistiges und körperliches
Wohlbefinden, negative, schwächende Gefühle beeinflussen es ungünstig. Die Wechselwirkungen zwischen Emotionen und Körper lassen sich bereits im
Volksmund erkennen. Formulierungen wie »etwas in
sich hineinfressen«, »Gift und Galle spucken« oder
»Das ging ihm an die Nieren« deuten auf ein ur-
sprüngliches Wissen um die emotionalen Wirkungen
hin. Die Kenntnis um die Wirkung von Gefühlen auf
physischer Ebene gewinnt in der heutigen Zeit wieder zunehmend an Bedeutung.

Schwächende Gefühle als Krankheitsursache

Negative Gefühle blockieren den Energiefluß, schwächen den Körper zuerst auf energetischer Ebene. Als
Dauerzustand, als chronisches Gefühlsmuster gewissermaßen, führen derartige Schwächungen schließlich auch zu körperlicher Krankheit. Rechtzeitig erkannt, können solche Probleme durch emotionale
Harmonisierung vermieden werden. Zudem ist es im
Frühstadium weit einfacher energetische wie körperliche Ungleichgewichte auszugleichen. In sehr vielen
Fällen lassen sich Erkrankungen ausschließlich auf
Probleme der Gefühlsebene zurückführen. Dies sollte bei jedem Heilungsversuch berücksichtigt werden.
  Zur Erkundung der Gefühlsebene, zur Eingren-
zung schwächender Gefühlsmuster ist der Pendel ein

effektives Instrument. Häufig sind die problemverursachenden Gefühle verschüttet und verdrängt, dem
Betroffenen nicht mehr zugänglich, weil die zugrun-
deliegenden Erlebnisse weit zurückliegen. Oft ist es
auch unmöglich, einen direkten Zusammenhang
zwischen Problem und auslösendem Gefühl zu sehen. In jedem Fall ermöglichen die Pendeldiagramme
dieses Kapitels eine genaue Bestimmung der gesuchten Emotionen. Fragen Sie beim Pendelvorgang nach
dem verursachenden Gefühl. Häufig sind es verschiedene Emotionen, die dem Problem zugrunde
liegen. Dies sollten Sie bei der Untersuchung berücksichtigen. Wenn schließlich die entsprechenden Gefühle feststehen, sind geeignete Maßnahmen zur
emotionalen Harmonisierung zu ergreifen. Anregungen dazu finden Sie am Ende dieses Kapitels.

Bitten Sie eine Vertrauensperson, ein bestimmtes Gefühlsmuster wie Freude, Ärger usw., an-
zunehmen. Versuchen Sie, dieses Gefühl anhand
der Diagramme zu erpendeln. Das Gesicht der
Vertrauensperson sollen Sie dabei nicht sehen
können, da die Mimik auf die jeweilige Gemüts-
lage schließen läßt.

Gefühle und Beziehungen

Gefühle sind die Basis aller Beziehungen, halten diese zusammen, können aber genauso zerstörend wirken. Auch im Bereich Partnerschaft und Beziehungen liegen die problematischen Emotionen nur sehr
selten offen, wirken meist als unterbewußter Motor
von Konflikten. Mit Hilfe des Pendels und der beilie-
genden Diagramme lassen sich solche emotionalen

Reibepunkte ermitteln und nachfolgend ausgleichen. Die Fragestellung bei der Suche sollte der Problematik angepaßt sein, beispielsweise: »Welches Gefühl führt zu wiederholtem Streit mit meinem Partner?«, »Welches Gefühl fehlt mir in dieser Beziehung?« oder »Welches Gefühl ist die Ursache der Probleme mit meinem Partner?« Sämtliche emotionale Aspekte einer Beziehung lassen sich auf diese Weise klären, eine höhere Qualität der Partnerschaft ist die Folge.

Harmonisierung

Erst wenn man die schwächenden Gefühle erkannt hat, lassen sich diese harmonisieren und in stärkende Gefühle umwandeln. Die blockierte Energie kommt wieder in Fluß, allgemeines Wohlbefinden stellt sich allmählich ein.

Als ersten Schritt muß man sich des verdrängten, verborgenen Gefühls wieder bewußt werden, es fühlen, wahrnehmen und schließlich annehmen. Neuerliches Verdrängen und Ignorieren führt nie zum Ziel, sondern bewirkt auf unbewußter Ebene lediglich ein Fortsetzen der emotionalen Schwächung. In vielen Fällen hilft bereits das Bewußtwerden und Akzeptieren des Gefühls, auf den Weg der Heilung zu gelangen.

Entsprechungen:

Abgeschiedenheit	Zugehörigkeit
Ablehnung	Anerkennung
Angst	Zuversicht
Anspannung	Entspannung
Ärger	Zufriedenheit
Argwohn	Vertrauen
Blindheit	Einsicht
Depression	Euphorie
Eifersucht	Achtung und Vertrauen
Einsamkeit	Zweisamkeit
Enttäuschung	Erfüllung
Feigheit	Mut
Festhalten	Loslassen
Frustration	Befriedigung
Geiz	Großzügigkeit
Geringschätzung	Achtung
Gier	Maß
Gleichgültigkeit	Beachtung
Haß	Liebe
Hinterlist	Aufrichtigkeit
Hochmut	Demut
Hoffnungslosigkeit	Hoffnung
Intoleranz	Toleranz
Leere	Fülle
Leid	Freude

Mißgunst, Neid	Gunst, Gönnen
Mißtrauen	Vertrauen
Ohnmacht	Macht
Ruhelosigkeit	Ruhe
Scheu	Offenheit
Schuld	Vergebung
Schwäche	Stärke
Sorge	Zuversicht
Spannung	Entspannung
Starrsinn	Nachgiebigkeit
Streit	Einklang
Traurigkeit	Fröhlichkeit
Unausgeglichenheit	Ausgeglichenheit
Undank	Dankbarkeit
Ungeduld	Geduld
Unglücklichsein	Glücklichsein
Unsicherheit	Sicherheit
Unterlegenheit	Überlegenheit
Unzufriedenheit	Zufriedenheit
Verachtung	Achtung
Verantwortung ablehnen	Verantwortung übernehmen
Verzweiflung	Geborgenheit
Wut	Frieden
Zweifel	Klarheit

Der zweite, heilsame Schritt sollte schließlich die Umwandlung des negativen Gefühls in das entsprechende positive Gegenstück sein. Diesem Zweck dienen Affirmationen, positive stärkende Formulierungen, die man mit großer Überzeugung und dem Willen zur Veränderung ausspricht und einige Male wiederholt. Die Bestärkung sollte in diesem Fall die positive Entsprechung zu dem betreffenden schwächenden Gefühl ansprechen, die Sie der nachfolgenden Aufstellung entnehmen können. Hat man beispielsweise *Angst* als Problemursache erkannt, so ist in diesem Fall das stärkende Gegenstück *Zuversicht*. Eine mögliche Affirmation wäre daher: »*Ich bin voller Zuversicht*.« Wiederholte Affirmationen führen schließlich zur gewünschten emotionalen Umwandlung vom schwächenden zum stärkenden Einfluß und letztlich zur emotionalen und körperlichen Genesung.

Blütenessenzen können dabei helfen, den emotionalen Knoten zu lösen. Diese Präparate wirken vornehmlich auf psychischer Ebene und sind daher zu Zwecken des emotionalen Ausgleichs hervorragend geeignet. Bach-Blüten sind wohl die bekanntesten Vertreter. In jüngster Zeit gewinnen auch Essenzen der Kalifornischen und der Australischen Blütentherapie sowie der Alpenblüten-Therapie immer mehr an Bedeutung. Die Auswahl der geeigneten Präparate und Mischungen sollte wie gewohnt mit Hilfe des Pendels erfolgen.

Der Prozeß der emotionalen Harmonisierung kann auch durch Farbtherapie unterstützt werden. Dazu zählen die Farbbestrahlung mit den passenden Farben, Farblichtbäder, genauso aber auch die Berücksichtigung der Farbgebung im persönlichen Umfeld und der Kleidung.

Gefühle
Tafel 1

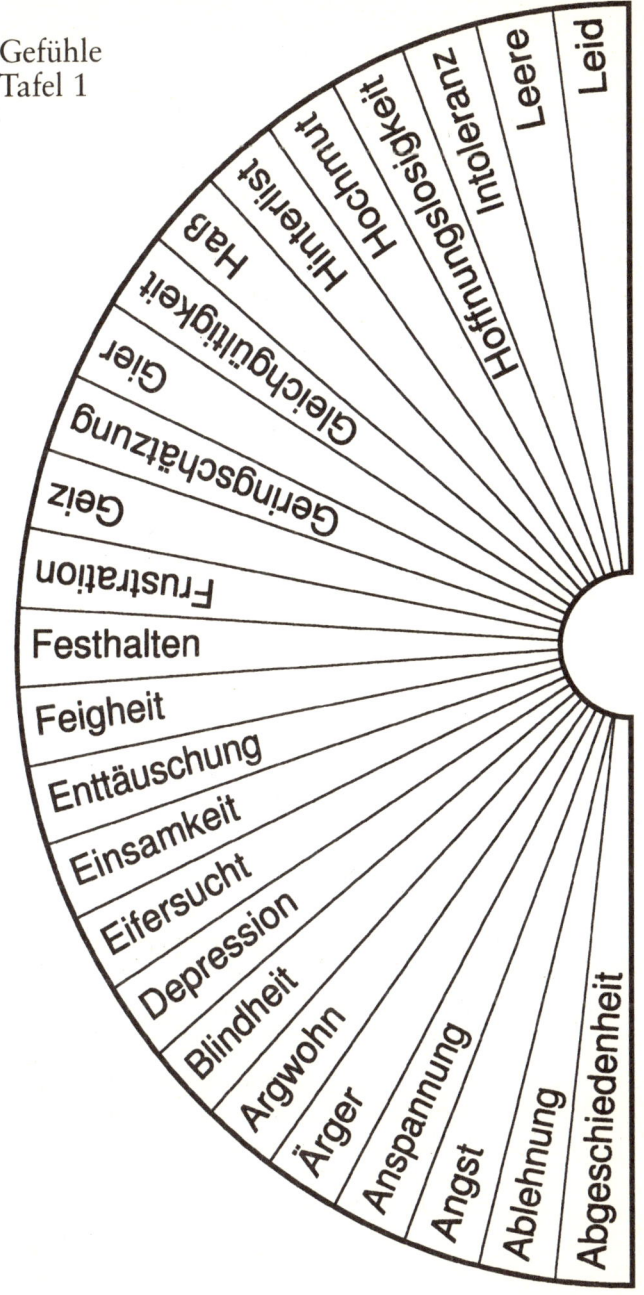

Leid
Leere
Intoleranz
Hoffnungslosigkeit
Hochmut
Hinterlist
Haß
Gleichgültigkeit
Gier
Geringschätzung
Geiz
Frustration
Festhalten
Feigheit
Enttäuschung
Einsamkeit
Eifersucht
Depression
Blindheit
Argwohn
Ärger
Anspannung
Angst
Ablehnung
Abgeschiedenheit

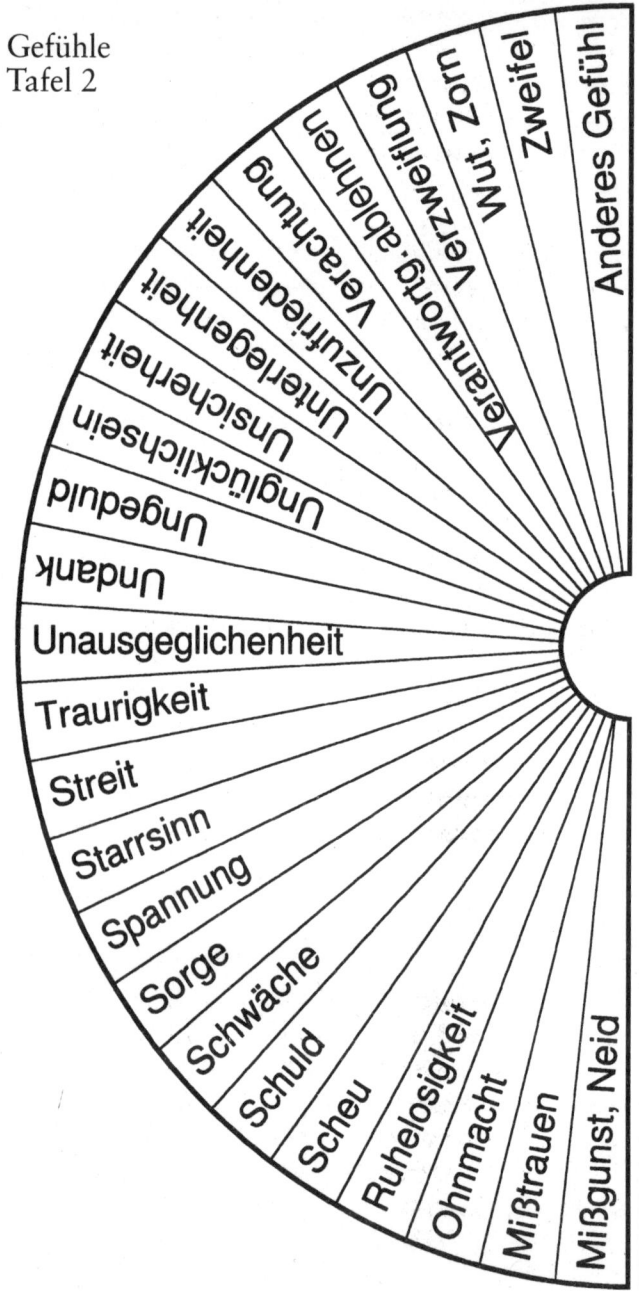

Gefühle
Tafel 2

Anderes Gefühl
Zweifel
Wut, Zorn
Verzweiflung
Verantwortg. ablehnen
Verachtung
Unzufriedenheit
Unterlegenheit
Unsicherheit
Unglücklichsein
Ungeduld
Undank
Unausgeglichenheit
Traurigkeit
Streit
Starrsinn
Spannung
Sorge
Schwäche
Schuld
Scheu
Ruhelosigkeit
Ohnmacht
Mißtrauen
Mißgunst, Neid

25 Traumdeutung

Träume sind Fenster zum Unbewußten. Am Tage im Wachzustand ist unser Bewußtsein aktiv, das Unbewußte agiert unbemerkt im Hintergrund. Nachts im Schlafzustand führt unsere Seele Regie, das Wachbewußtsein ruht. Träume kann man als echte Erfahrungen in einer anderen Realität, der geistigen Welt, betrachten. Es sind reale Erlebnisse auf einer anderen Ebene. Die Erinnerungen an diese Erfahrungen sind Handlungen in Bildern und Symbolen, der Sprache des Unbewußten. Die Symbolik stellt das Verbindungsstück zwischen Traumebene und materieller Ebene dar.

Jeder Mensch träumt – ohne Träume kann der Mensch nicht existieren. Menschen, die der Meinung sind, nicht zu träumen, erinnern sich beim Erwachen lediglich nicht an ihre Träume. Die Beschäftigung mit den nächtlichen Erlebnissen kann ungemein lehrreich, aufschlußreich und wichtig für die persönliche Entwicklung sein. Die Erkenntisse und Informationen, die man aus seinen Träumen schöpfen kann, sind nicht hoch genug einzuschätzen. Zum einen werden auf der Traumebene Tageserlebnisse aufgearbeitet, zum anderen können uns Träume auch wichtige Hinweise geben, Problemlösungen anbieten, Lektionen erteilen und sogar Blicke in die Zukunft gestatten. Das Führen eines Traumtagebuchs, in dem jeder erinnerte Traum niedergeschrieben wird, ist eine überaus hilfreiche Unterstützung bei der Beschäftigung mit Träumen. Erst wenn man seine Träume schriftlich dokumentiert, hat man die

Möglichkeit, sich intensiv damit zu beschäftigen. Besonders zu beachten sind immer wiederkehrende Träume mit ähnlichen Handlungsmustern und Träume, die besonders intensiv erlebt werden und von tiefen Emotionen begleitet sind. Beides deutet auf die Bedeutsamkeit des Motivs hin.

Das Problem bei der Beschäftigung mit Träumen ist zum einen die oft schwierig zu entschlüsselnde Symbolsprache, zum anderen die Klärung der Intention, der Botschaft des Traums. Mit Pendelhilfe lassen sich diese Hürden problemlos nehmen, so daß anfänglich unerklärliche, rätselhafte Träume schließlich in ihrer Bedeutung klar und aufschlußreich werden.

Klärung der Bedeutung

Was uns ein Traum mitteilen will, der grundsätzliche Impuls, bleibt meist im Unklaren. So steht man schließlich vor scheinbar unlösbaren Fragen wie: »Habe ich lediglich Tageserlebnisse verarbeitet?« oder »Wollte mich mein Unbewußtes warnen?« Mit Hilfe der Pendeltafel in diesem Kapitel sind Sie in der Lage, den grundsätzlichen Mitteilungsimpuls des Unbewußten zu klären. Die Frage könnte lauten: »Welche Bedeutung hatte dieser Traum für mich?« Zum Punkt »Rückschau« des Diagramms wäre anzumerken, daß sich solche Rückblicke über das jetzige Leben hinaus auch in frühere Inkarnationen erstrecken können.

Hat man die Art des Traums erkannt, ist der erste Schritt getan, der die anschließende Klärung der darin vorkommenden Symbole erleichtert.

Klärung der Symbolik

Die Verwendung von Traumsymbol-Lexika zur Klärung der Sinnbilder ist nur sehr eingeschränkt zu
empfehlen. Dinge, die sich hinter den Symbolen ver-
bergen, sind von Mensch zu Mensch verschieden,
weil die Symbolsprache jeweils vom persönlichen Erfahrungsschatz abhängig ist. Bis auf wenige arche-
typische Symbole wie Wasser, Feuer, Sonne oder Blut
verbindet jeder Mensch etwas anderes mit den einzelnen Bildern. Ein Traumlexikon sollte daher lediglich zur Ideensammlung verwendet werden. Der hilf-
reichere Weg zur Symbolklärung ist die intuitive Er-
fassung des betreffenden Bildes. Dabei geht man in
sich und versucht herauszufinden, was man ganz persönlich mit diesem Symbol verbindet. Meist steigen
aus dem Inneren einige Assoziationen auf, die man
anschließend notieren sollte. Sinnvoll wäre die Kom-
bination von Traumlexikon und Intuition. Letztlich
erhält man auf die eine oder andere Weise eine Liste
der möglichen Bedeutungen des Symbols. An diesem
Punkt leistet der Pendel wieder entscheidende Hilfe.
Man untersucht die einzelnen Möglichkeiten mit der
Frage: »Ist das die Bedeutung dieses Symbols in diesem Traum?«, bis die ganz persönliche Bedeutung
des Sinnbildes gefunden ist.

Nachdem die Intention und die Sinnbilder geklärt
wurden, ist es möglich, sich logisch mit dem Traum
auseinanderzusetzen und zu einem Gesamtverständ-
nis zu gelangen.

Methoden des Erinnerns

Oft kommt es vor, daß man nach dem Aufwachen keine Erinnerung mehr an den erlebten Traum hat. Manchmal sind bloß unzusammenhängende Bruchstücke im Gedächtnis verblieben. Die Beachtung folgender Faktoren kann die Traum-Erinnerungsfähigkeit stärken:

• Gehen Sie möglichst *früh zu Bett*.

• Bleiben Sie nach dem Aufwachen *noch einige Minuten liegen*, oft kehrt in dieser Zeit die Erinnerung wieder.

• Legen Sie beim Schlafengehen *Schreibzeug und Papier auf den Nachttisch*, das Unterbewußtsein nimmt dies als Hinweis zu Ihrem Erinnerungswunsch.

• Wenn beim Aufwachen nur mehr Bruchstücke des Traums vorhanden sind, gehen Sie den Traum *in umgekehrter Reihenfolge* vom Ende zum Beginn durch. Die fehlenden Erinnerungsstücke kommen auf diese Weise wieder hoch.

Traum-Bedeutung

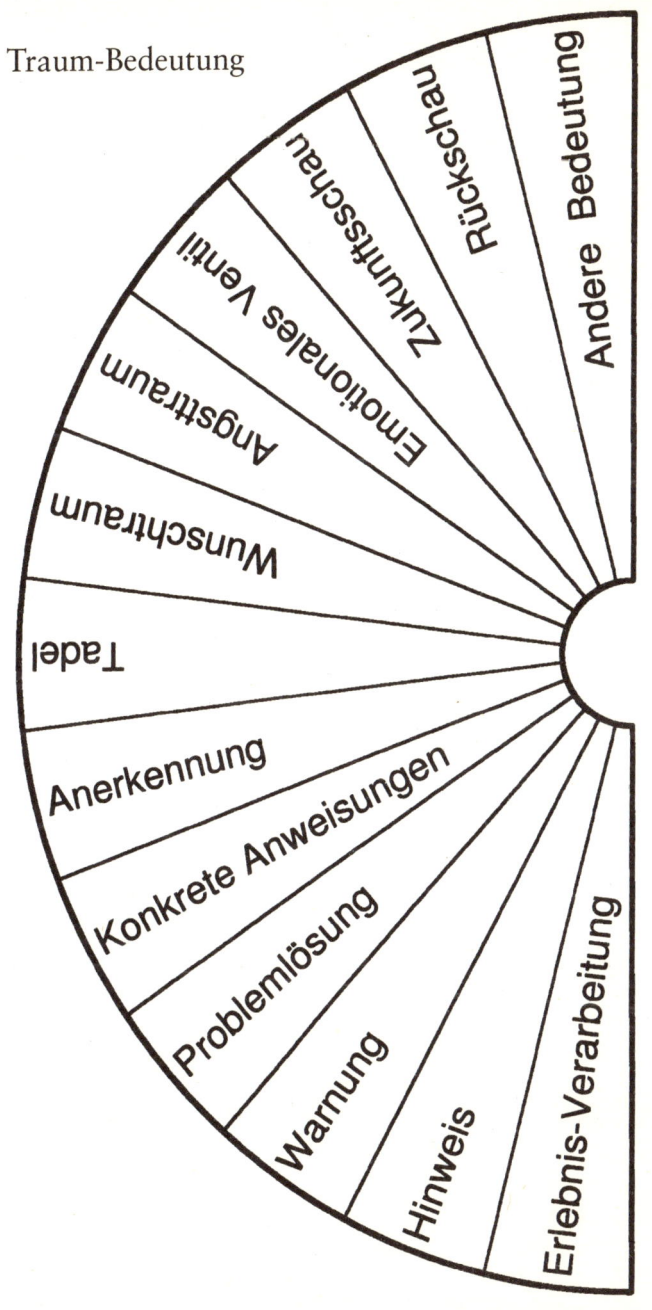

26 Erdstrahlen

Erdstrahlen sind Zonen der Erdoberfläche, an denen das natürliche Strahlungsfeld der Erde verändert ist. Solche Zonen treten als unregelmäßige Linien oder in Gitterstruktur auf. Grundsätzlich unterscheidet man *geopathogene Zonen*, die sich auf den Menschen gesundheitlich negativ auswirken können, und *Kraftzonen* bzw. *Kraftorte*. Das sind Zonen von höherer Energie, die uns günstig beeinflussen, wenn wir ihnen nicht zu lange ausgesetzt sind. In der heutigen Zeit sind besonders auch die technischen Felder von Bedeutung. Eine Analyse der elektromagnetischen Felder, die beispielsweise von Hochspannungsleitungen, Trafostationen, der Hausverkabelung und ähnlichem ausgehen, sollte bei keiner Untersuchung fehlen. Dieser Abschnitt beschäftigt sich mit dem Bereich der *Geopathie*, den natürlichen und den technischen Strahlungsfeldern.

Erdstrahlen treten in unterschiedlichen Strukturen auf. Ziel des Radiästheten bei einer Untersuchung ist, alle derartigen Reizzonen aufzufinden. Technische Strahlen treten oft in diffusen Feldern auf; hier sollte man mit besonderer Präzision arbeiten. Vor allem zu beachten sind Orte, an denen man längere Zeit verweilt, z.B. der Schlafplatz; dies sollte der erste Platz eines Hauses sein, den man untersucht. Ebenso wichtig ist auch der Arbeitsplatz und der Sitzplatz von Kindern in der Schule. Wenn Ihr Kind aus unerklärlichen Gründen plötzlich Lernprobleme in der Schule hat, sollten Sie unbedingt in Erfahrung bringen, ob es vielleicht den Sitzplatz gewechselt hat.

Einzelne Reizzonen am betreffenden Ort sind wenig problematisch. Schwierigkeiten bereiten meist Kreuzungspunkte der diversen Strahlungszonen, denn an diesen Punkten verstärkt sich die negative Wirkung der Einzelstrahlungen. Bei der Mutung eines Raums sucht man nach den einzelnen Zonen. Diese kann man mit Hilfe von Farbstäben, die am Boden ausgelegt werden, markieren. Zur besseren Unterscheidung sollte jeder geopathogene Zonentyp eine eigene Farbe erhalten. Alternativ könnte man die Zonen in einen Plan einzeichnen. Auf diese Weise erhält man eine Gesamtübersicht über den Raum und kann alle Kreuzungspunkte auf einen Blick erkennen.

Hat man nun geopathogene Belastungen am betreffenden Ort festgestellt, sind entsprechende Maßnahmen zur Vermeidung dieser Störungen zu treffen. Etliche Geräte zur Abschirmung und Entstörung werden für diese Zwecke angeboten.Echte Abhilfe bringt jedoch keine dieser meist kostspieligen Vorrichtungen. Manche Geräte zeigen gar keine Wirkung, andere wiederum entwickeln sich nach gewisser Zeit sogar zu einer zusätzlichen Störquelle. Die einzige wirksame Methode zur Vermeidung solcher Belastungen ist, den betreffenden Punkten auszuweichen, d.h. das Bett an einen anderen Platz zu stellen, den Schreibtisch zu verschieben und dergleichen.

Als Suchmethode für die nachfolgend erläuterten Zonen eignet sich vor allem die Schnittpunktmethode, mit der sich auch die Zonenbreite ermitteln läßt. Aber auch die Pendelverfolgungsvariante könnte man hier anwenden (siehe dazu Kapitel *Suchmethoden*). Als Groborientierung ist ein Kompaß sinnvoll, da zwei der gesuchten Zonen nach den Himmelsrichtungen ausgerichtet sind.

Wasseradern

Mit Wasseradern sind unterirdische Wasserläufe, also ausschließlich fließendes Wasser, gemeint. Das in unseren Breiten allerorts vorhandene Grundwasser zählt nicht hierzu. Bei der Suche stellt man sich bildhaft fließendes Wasser vor und stellt die Frage: »Ist hier Wasser?« Der Grad der möglichen Belastung ist recht unterschiedlich, hängt von der Fließgeschwindigkeit, der Breite und Tiefe der Ader ab.

Anhand einer im Freien verlaufenden Wasserleitung können Sie das Auffinden von Wasseradern trainieren. Das Wasser muß während der Suche durch das Rohr fließen. Öffnen Sie deshalb den entsprechenden Wasserhahn. Gehen Sie das Grundstück wie zuvor besprochen ab, und markieren Sie die gefundenen Punkte.

Verwerfungen

Verwerfungen sind geologische Anomalien wie Brüche, Risse, Abrutschungen und Verschiebungen im Erdboden, die an der Erdoberfläche das energetische Milieu verändern. Diese Anomalien des natürlichen Strahlungsfeldes wirken sich meist belastend auf den Organismus aus. Aus geologischen Gründen decken sich Verwerfungen oft mit Wasseradern.

152

Globalgitter

Das Globalgitter, auch Hartmann-Gitter oder Erstes Gitter genannt, ist ein nach den Haupthimmelsrichtungen ausgerichtetes Gitternetz. Der Gitterabstand beträgt etwa zwei bis drei Meter, die Breite der einzelnen Reizstreifen liegt zwischen 20 und 30 Zentimetern. Das Globalgitter wird durch geologische und bauliche Einflüsse verzerrt. Besonders in umbauten Gebieten findet man daher oft Verformungen der Gitterstruktur.

Diagonalgitter

Das Diagonalgitter wird auch Curry-Gitter oder Zweites Gitter genannt. Es ist nach den Zwischenhimmelsrichtungen ausgerichtet. Die Abstände zwischen den Reizstreifen betragen etwa 2,5 bis 3,5 Meter, die Zonenbreite liegt ungefähr bei 30 Zentimetern. Dieses Gitternetz ist formstabiler als das Globalgitter, Verformungen können jedoch vorkommen.

Technische Felder

Dazu zählen *elektromagnetische Felder*, die durch Leitungen und Elektrogeräte im Haus, durch *Hochspannungsleitungen, Trafostationen* und *Umspannwerke* erzeugt werden. Eine immer wieder anzutreffende Störquelle im Schlafbereich ist das Weckerradio, das zudem meist im Kopfnähe plaziert wird. Sämtliche Elektrogeräte im Schlafbereich sollten vermieden werden! *Statische Felder* können von verschiedenen Kunststoffen, etwa Kunststoff-Bodenbelägen, erzeugt werden. Von Richtfunk- und Radaranlagen, Fernseh- und Radiosendern gehen *Hochfrequenz-Felder* aus, die sich ebenfalls belastend auswirken können. Auch *künstliche Radioaktivität*, von Atomkraftwerken und bestimmten Baustoffen ausgehend, zählt hierzu. Alle diese Faktoren wirken sich mehr oder weniger ungünstig auf den menschlichen Organismus aus und sollten daher bei jeder Mutung berücksichtigt werden.

27 Kraftorte

Ein besonders interessantes Gebiet der Pendelpraxis
ist die Erforschung von sogenannten Kraftorten, der
positiven Entsprechung zu den geopathogenen Zonen. Es handelt sich dabei um Linien oder Punkte
von höherer Energie. Die positive Wirkung auf den
Menschen kommt zum einen von dem erhöhten
Energieniveau, zum anderen von den besonderen
Strahlungseigenschaften dieser Zonen. Befindet man
sich an einem solchen Kraftort, können verschiedene, durchweg angenehme Empfindungen auftre-
ten. Die Reaktionen sind oft sehr unterschiedlich. Das
allgemeine körperliche und seelische Wohlbefinden
kann sich verbessern, auch spirituelle Erfahrungen
kommen vor. Physiologisch wurde eine Veränderung
der Pulsfrequenz auf Kraftzonen nachgewiesen. Im
allgemeinen erfährt man eine Anhebung des persönlichen Energieniveaus. Man sollte jedoch vermeiden,
zu lange auf diesen Zonen zu verweilen, und nur
soviel Energie aufnehmen, wie einem zuträglich ist.
Bleiben Sie daher nur so lange an einem Kraftort,
wie es Ihnen angenehm ist.

Die Strahlungsenergien von Kraftorten lassen sich
auch über ein Speichermedium, nämlich Wasser, nut-
zen. Wasser hat bekanntlich die Fähigkeit, Schwingungen zu speichern. Um die Flüssigkeit mit Energie
und Informationen zu laden, stellen Sie für einige
Zeit, meist reichen wenige Stunden (passende Zeitspanne erpendeln), einen Wasserbehälter auf eine
Kraftzone. Wenn das Wasser schließlich aufgeladen
ist, hat es die gleichen Eigenschaften wie der betref-

fende Kraftort mit dem Vorteil einer vielseitigeren Verwendbarkeit. Dieses *Energiewasser* können Sie zur Wirkungsentfaltung trinken, damit kochen, zum Einreiben oder als Badezusatz oder auch zur Stärkung Ihrer Pflanzen verwenden. Die Wirkung ist oft erstaunlich intensiv!

Zur Verlaufsermittlung solcher Kraftzonen eignet sich vor allem die Schnittpunktmethode und die Pendelverfolgung, wie im Kapitel *Suchmethoden* beschrieben. Die Frage sollte dabei nach Kraftorten oder -zonen gestellt werden.

Finden kann man derartige Zonen unter anderem an sakralen Bauten wie Kirchen und Kapellen und an Kultstätten aus früherer Zeit. Stonehenge ist wohl die bekannteste derartige Kultstätte. Im Zentrum dieses Steinkreises kommen unzählige Energielinien zusammen. In Kirchen findet man an den stärksten Kraftpunkten, den Kreuzungspunkten der Energielinien, meist den Altar, sofern dieser noch an seiner angestammten Stelle steht, und die Kanzel. Die besondere Atmosphäre, die von sakralen Bauten ausgeht, ist hauptsächlich auf Kraftzonen zurückzuführen. Bemerkenswert ist auch, daß die einzelnen Kirchen und Kapellen über derartige Energielinien miteinander verbunden sind. Erstaunliche Entdeckungen lassen sich bei der Erforschung dieser Phänomene machen.

Untersuchen Sie eine Kirche oder Kapelle in Ihrer Umgebung auf Kraftorte. Versuchen Sie, Linienstrukturen auszumachen. Können Sie Zusammenhänge zwischen der Plazierung des Altars, der Kanzel, des Turmes und der aufgefundenen Linien erkennen? Orientiert sich das gesamte Gebäude an den gefundenen Kraftzonen?

Anhand einer Landkarte können Sie auch versuchen, Verbindungslinien zwischen den sakralen Bauten in Ihrer Umgebung festzustellen.

Das Energieniveau solcher Kraftzonen kann man mit Hilfe der Bovis-Skala messen. Mitunter lassen sich beachtlich hohe Werte in Bereichen bis zu 100 000 Bovis-Einheiten finden. Das Bovis-Diagramm gibt jedoch lediglich über die Stärke, nicht aber über die Qualität der Energie Auskunft. Diese läßt sich nur persönlich erfahren, indem man auf dem Kraftort verweilt. Auch energetisch relativ schwache Zonen können sich wegen der besonderen Schwingung überaus positiv auswirken. Versuchen Sie es einmal!

28 Bodenschätze

Wasser

Die klassische Anwendung der Radiästhesie, die Wassersuche, ist bis in die heutige Zeit eines der häufigsten Einsatzgebiete von Pendel und Rute geblieben. Wer einen Brunnen schlagen will, zieht in den meisten Fällen einen Radiästheten zur Lokalisierung der Wasserstelle zu Rate.

In unseren Breiten, wo Wasser im Überfluß vorhanden ist, kommt es neben der Fähigkeit, Wasser zu finden, besonders darauf an, möglichst ergiebige Stellen mit qualitativ hochwertigem Wasser aufspüren zu können.

Zur Groborientierung bei der Untersuchung von größeren Arealen ist die Verwendung von Landkarten sinnvoll. Damit kann man sich einen ersten Überblick verschaffen, grenzt die in Frage kommenden Gebiete ein und setzt anschließend vor Ort an den betreffenden Stellen die Suche detailliert fort.

Verschiedene Arbeitsschritte ergeben sich bei der Trink- und Nutzwassersuche:

- *Verlaufsermittlung:* Geeignet sind hierzu das in Kapitel *Suchmethoden* beschriebene Schnittpunktverfahren – die genaueste Methode – und die Pendelverfolgung von einem vorher ermittelten Punkt des Verlaufs aus. Sucht man nach Wasser einer bestimmten Qualität, wie etwa Mineral- oder Thermalwasser, sollte man die Fragestellung entsprechend anpassen, um alle anderen Wasserführungen des untersuchten Gebiets unberücksichtigt zu lassen und eine gezielte Suche durchzuführen.

• *Qualitätsbestimmung:* Durch die richtige Fragestellung läßt sich die Qualität des gefundenen Wassers ermitteln. Man kann beispielsweise erfragen, ob es Trinkwasserqualität aufweist, ob Nitrat- oder ähnliche Belastungen vorliegen, kurz: die für den Nutzungszweck geforderte Qualität sollte durch entsprechende Fragestellung überprüft werden. Auch Thermalwasser, Mineralwasser und Heilwasser lassen sich auf diese Weise ermitteln.

• *Tiefenbestimmung:* Man stellt sich über die Wasserader und beginnt eine Fragestaffel: »Liegt die Wasserführung tiefer als ein, zwei, drei, vier oder fünf Meter?« und so weiter. Der Pendel wird so lange *Ja* anzeigen, bis die entsprechende Tiefe erreicht ist, und dann auf *Nein* übergehen. Beim Zählen sollte man sich Zeit lassen, um dem Pendel Gelegenheit zu geben, seine Schwingung zu ändern.

• *Mengenbestimmung:* Dies erfordert viel Erfahrung und Genauigkeit. Gemessen wird die Wassermenge in Minuten- und Sekundenliter, das ist die Literzahl Wasser, die die betreffende Stelle in einer Minute/Sekunde passiert. Bestimmen kann man die Wassermenge wieder durch eine Staffel an Fragen, wobei man die Fragen entsprechend anpaßt, oder auch durch eine Pendeltafel.

Wenn Sie regelmäßig auf die Suche nach Wasser oder anderen Bodenschätzen gehen, sollten Sie sich ein Pendeldiagramm zur Tiefen- und Mengenbestimmung besorgen oder eigenhändig eins anfertigen – vorteilhaft wäre ein kombiniertes Diagramm mit zwei Skalen. Die Arbeit kann damit sehr vereinfacht werden, weil die gesuchten Werte auf diese Weise präziser und rascher ermittelbar sind.

Mineralien und Erze

Bei der Suche nach Mineralien und Erzen geht man genauso vor, wie bei der Wassersuche. Grundsätzlich decken sich die erforderlichen Schritte, lediglich die Art der Mengenbestimmung variiert von Stoff zu Stoff. Ob sich die Suche nach Erdöl, Erdgas, Gold, Kupfer oder dergleichen richtet, ist letztlich gleich, von Bedeutung ist die Fähigkeit des Radiästheten, sich auf die entsprechenden Schwingungen einzustellen. Aufgrund der spezifischen Materialeigenschaften sind jedoch geologische Kenntnisse hierbei unbedingt von Vorteil.

In jedem Fall ist es sinnvoll, beim Suchvorgang eine Probe zur besseren Abstimmung miteinzubeziehen. Solche Proben hält man während der Suche in der freien Hand oder man verwendet einen Füllpendel, der sich öffnen und mit dem entsprechenden Material versehen läßt.

29 Natur und Garten

Neben Spaten, Rechen und Harke sollte auch der Pendel bei der Arbeit im Garten zum Einsatz kommen. Die Anwendungsmöglichkeiten in diesem Bereich sind überaus vielfältig. Sämtliche Entscheidungen, für die der nicht-pendelnde Gärtner seine Erfahrung und sein Wissen nutzt, lassen sich mindestens ebenso gut unter Zuhilfenahme des Pendels treffen. Bei der Gartenarbeit und -planung sollte man deshalb immer auch seinen Pendel dabei haben. Nachfolgend finden Sie einige Anregungen zum sinnvollen Einsatz Ihrer radiästhetischen Fähigkeiten im Bereich des Gartens.

Bodenanalyse

Für eine herkömmliche Nährstoffanalyse des Bodens sind entsprechende Testsätze erforderlich, auch besteht die Möglichkeit, Bodenproben an eine Untersuchungsanstalt zu schicken. Mit Ihrem Pendel können Sie ein ebenso effektive aber kostenlose Analyse durchführen. Solche Bodenuntersuchungen sind von Zeit zu Zeit angebracht, um, falls erforderlich, entsprechend dosierte Ausgleichs- und Düngemaßnahmen treffen zu können.

Durch entsprechende Fragestellung, z.B.: »Ist der Kali-Gehalt dieses Bodens ausreichend?«, sollte man die verschiedenen relevanten Faktoren mittels Pendel auswerten. Dazu zählen: *pH-Wert, Stickstoff, Phosphor, Kalk, Kali* und *Spurenelemente*. Mit Hilfe eines Prozentdiagramms oder durch gestaffelte Fragen kann man bei Bedarf den Mangel auch in Zahlen fassen und danach den Düngebedarf ermitteln.

Zur anschließenden Bodenverbesserung sollte man eher auf natürliche Ausgleichsmaßnahmen wie Gesteins- und Knochenmehle, Kompost, Pflanzenjauchen, auch unbedenkliche handelsübliche Präparate zurückgreifen. Welche der in Frage kommenden Maßnahmen in welcher Dosierung am effektivsten sind, läßt sich wiederum erpendeln.

Standortwahl

Der ideale Setzplatz für Bäume und Sträucher, der beste Streifen für Gemüsebeete, kurz: sämtliche wichtigen Standortentscheidungen können unter Zuhilfenahme des Pendels getroffen werden. In die Fragestellung könnte man die Lichtverhältnisse, das Nährstoffangebot und Pflanzennachbarschaften miteinbeziehen. Auch Erdstrahlen sollten bei der Standortwahl berücksichtigt werden, um negative Einflüsse zu vermeiden. Von den positiven Eigenschaften der Kraftorte kann man auch im Garten profitieren. Oft führen sogenannte Wachstumslinien durch den Garten. Das sind Kraftzonen mit der besonderen Eigenschaft, das Pflanzenwachstum zu fördern. Findet man eine solche Linie in seinem Garten, könnte man beispielsweise gezielt an dieser Stelle Beete anlegen, was zu üppigem, gesunden Wachstum führt.

Unter den Pflanzen findet man *Strahlensucher*, Pflanzen, die auf energieabziehenden Plätzen, den Störzonen, besonders gut gedeihen, und *Strahlenflüchter*, die auf energiereichen Plätzen, also störungsfreien Orten oder Kraftzonen, gut gedeihen. Es ist sehr zu empfehlen, dies bei der Aussaat und Pflanzung zu berücksichtigen. Auch aus diesem Grund ist

162

es von Vorteil, über das Erdstrahlenmuster im Garten im Bilde zu sein.

Strahlensucher	*Strahlenflüchter*
Kartoffel	Heidelbeere
Knoblauch	Himbeere
Paprika	Kamille
Petersilie	Linsen
Rettich	Möhre/Karotte
Sellerie	Rote Beete/Rote Rübe
Tomate	Spargel
Zwiebel	Spinat

Pflanzenfreundschaften

Der erfahrene Gärtner beachtet bei der Aussaat die Bildung von geeigneten Mischkulturen. Bestimmte Pflanzen ergänzen sich günstig in ihren Eigenschaften und bilden Symbiosen vielfältiger Natur. Bekannte Beispiele hierfür sind Kombinationen wie Möhren und Zwiebeln, Erdbeeren und Knoblauch und Gurken und Dill. Es bietet sich wiederum an, solche Pflanzenfreundschaften zu erpendeln und beim Anbau zu berücksichtigen.

Garten-Arbeitskalender

Eine überaus sinnvolle Gewohnheit ist es, mit dem Pendel eine wöchentliche oder monatliche Aufstellung der erforderlichen Tätigkeiten anzufertigen. Erstellen Sie dazu als erstes eine Liste der anfallenden Arbeiten wie Aussaat, Baumschnitt, Düngen, Gießen usw. für den gewünschten Zeitraum. Dann erpendeln Sie für jede dieser Tätigkeiten den idealen Zeitpunkt und tragen ihn in Ihren Arbeitskalender ein. In der Fragestellung können Sie auch gezielt die einzelnen Einflußfaktoren wie Wetter oder Mondzyklen berücksichtigen, oder Sie fragen einfach nach dem in jeder Hinsicht idealen Zeitpunkt. So ist gewährleistet, daß stets der richtige Termin gewählt wird, gleichzeitig gewinnt man einen Überblick über die erforderlichen Arbeiten.

Schädlingsvermeidung

Ein Übermaß an Schädlingen im Garten ist grundsätzlich Zeichen einer Disharmonie. Das natürliche Gleichgewicht des Areals wurde durch bestimmte Gegebenheiten, etwa durch Einsatz von Giftpräparaten, gestört. Maßnahmen sollte man jedoch erst dann ergreifen, wenn die Harmonie ernsthaft gestört ist. So lange die Pflanzen nicht ernsthaft gefährdet sind, ist ein Schädlingsaufkommen in Maßen als Normalzustand zu verstehen, oft pendelt die Natur nach gewisser Zeit selbst das Gleichgewicht wieder ein.

Zur Wiederherstellung des Gleichgewichts hat man verschiedene Möglichkeiten; Ihre radiästhetischen Fähigkeiten können dabei wichtige Hilfe leisten. Zunächst wäre der Standort der betroffenen Pflanzen zu untersuchen. Ein ungünstiges energetisches Niveau, hervorgerufen durch Erdstrahlen, könnte die Ursache der Schwächung und des daraus resultierenden Befalls sein. Das Auftragen von bestimmten Gesteinsmehlen, die unter Pendelhilfe selektiert werden, kann ebenfalls das Energieniveau regulieren. Geomantische Maßnahmen, wie nachfolgend kurz beschrieben, sind eine weitere Möglichkeit zur Harmonisierung. Aus den konventionellen Methoden des Biogärtners läßt sich mittels Pendel

die effektivste bestimmen. Dazu zählen Kräuter-
brühen und -jauchen aus Brennessel, Farnkraut,
Rainfarn, Wermut, Schachtelhalm, Zwiebel oder
Knoblauch, die auf die Pflanzen gesprüht oder im
Stammbereich ausgebracht werden. Gifte sollte man
generell vermeiden, diese verschieben das Problem
nur und führen nicht zum gewünschten Gleichgewicht.

Geomantie im Garten

Die Geomantie ist eine Wissenschaft der Land-
schaftsharmonisierung, die versucht, alle Einflußfaktoren der Landschaft in Einklang zu bringen. Dieses
uralte Wissen kann man auch im kleineren Areal des
Gartens erfolgreich umsetzen. Mit Hilfe von geo-
mantischen Maßnahmen läßt sich das gesamte energetische Niveau des Gartens harmonisieren und verbessern. Adäquate Steinsetzungen, passende Plazierung von Steinspiralen und anderen Symbolen,
Pflanzung von Bäumen und anderen Pflanzen an den
geeigneten Stellen und viele andere energetische
Maßnahmen können die Energien in Ihrem Garten
verändern, bis sich schließlich vollkommene Harmonie einstellt. Näher auf dieses komplexe Gebiet einzugehen, würde den Rahmen dieses Buches sprengen. Interessierte verweise ich auf die Literaturliste
im Anhang. Der Pendel bietet sich auch in dem Fall
unbedingt an.

Schlußwort

Sie haben nun viele Informationen über das Pendeln erhalten. Mit Hilfe zahlreicher praktischer Übungen haben Sie den Umgang mit dem Pendel erlernt und Ihre radiästhetischen Sinne geschult. Auch zahlreiche Anwendungsbereiche sind Ihnen nun vertraut.

Betrachten Sie die Entwicklung Ihrer Fähigkeiten jedoch zum jetzigen Zeitpunkt keineswegs als abgeschlossen. Am Ende dieses Buches angekommen, stehen Sie genaugenommen erst am Beginn eines neuen Weges. Dieser persönliche Lern- und Entwicklungsprozeß ist jetzt erst in Gang gekommen. Im Laufe der Zeit werden Sie immer sicherer und vertrauter im Umgang mit dem Pendel werden, immer neue Anwendungsmöglichkeiten und Techniken entdecken und hilfreich einsetzen. Die Arbeit mit dem Pendel wird schließlich zu einer beständigen, unerschöpflichen Quelle an Möglichkeiten, die wichtige Hilfe für Ihre Mitmenschen und für Sie selbst sein können.

Jeder Mensch hat seine ganz persönlichen Stärken und Schwächen. Demzufolge wird sich jeder einzelne auf eine ganz persönliche Art und Weise radiästhetisch entwickeln. Bauen Sie auf Ihre Stärken, erkennen und akzeptieren Sie aber auch Ihre Grenzen. Nur so ist zuverlässiges und erfolgreiches Arbeiten möglich.

In diesem Sinne wünsche ich Ihnen für Ihren weiteren Weg, auf dem Sie Ihr Pendel vermutlich begleiten wird, viel Erfolg.

Literatur

Georg Kirchner: *Pendel und Wünschelrute*. Ariston Verlag, Genf 1977

Getrud I. Hürlimann: *Pendeln ist erlernbar*. Edition Astroterra, Chur 1985

Ing. Karl Haas: *Pendelbuch*. Anna Pichler Verlag, Wien 1991

Tom Graves: *Pendel und Wünschelrute: Radiästhesie*. Goldmann Verlag, München 1976

Jörg Purner: *Radiästhesie – Ein Weg zum Licht?* Edition Astroterra, Chur 1993

Reinhard Lehner: *Handbuch der Pendeltafeln*. Verlag Hermann Bauer, Freiburg 1996

Susanne Fischer-Rizzi: *Himmlische Düfte – Aromatherapie*. Hugendubel Verlag, München 1991

Marcel Lavabre: *Mit Düften heilen*. Verlag Hermann Bauer, Freiburg 1992

Dr. Götz Blome: *Mit Blumen heilen – Die Blütentherapie nach Dr. Bach*. Verlag Hermann Bauer, Freiburg 1985

Dr. G. Hertzka/Dr. W. Strehlow: *Die Edelsteinmedizin der Heiligen Hildegard*. Verlag Hermann Bauer, Freiburg 1989

Mathias Dorcsi: *Handbuch der Homöopathie*. Orac Verlag, Wien 1986

Elmadfa/Fritzsche/Krämer: *Die große GU Vitamin und Mineralstoff Tabelle*. Gräfe und Unzer Verlag, München 1992

Rudolf Hauschka: *Ernährungslehre*. Klostermann Verlag, Frankfurt 1989

Günther Liebster: *Heilkraft aus dem Garten.* Pawlak Verlag, Hamburg 1991

Gerhard H. Eggetsberger: *Power für den ganzen Tag.* Orac Verlag, Wien 1995

Kim da Silva/Do-Ri Rydl: *Energie durch Bewegung.* Knaur Verlag, München 1994

Otha Wingo: *Das Huna-Arbeitsbuch.* Knaur Verlag, München 1994

Peter Kelder: *Die Fünf Tibeter.* Integral Verlag, Wessobrunn 1985

Dhirendra Brahmachari: *Yoga hilft heilen.* Verlag Hermann Bauer, Freiburg 1983

Ted Andrews: *Die Aura sehen und lesen.* Verlag Hermann Bauer, Freiburg 1994

Dora Kunz: *Die Aura.* Aquamarin Verlag, Grafing 1992

Howard u. Dorothy Sun: *Neuer Schwung durch Farbe.* Verlag Hermann Bauer, Freiburg 1994

Christa Muths: *Heilen mit Farben, Bildern und Symbolen.* Simon + Leutner, Verlag, Berlin 1993

Shalila Sharamon/Bodo J. Baginski: *Das Chakra-Handbuch.* Windpferd Verlag, Aitrang 1989

Swami Sivananda Radha: *Kundalini-Praxis.* Verlag Hermann Bauer, Freiburg 1992

Dr. John Diamond: *Der Körper lügt nicht.* Verlag für Angewandte Kinesiologie, Freiburg 1988

Dr. John Diamond: *Die heilende Kraft der Emotionen.* Verlag für Angewandte Kinesiologie, Freiburg 1985

Louise L. Hay: *Heile deinen Körper.* Verlag Alf Lüchow, Freiburg 1989

Blanche Merz: *Orte der Kraft.* Herold Verlag, München ????

Klausbernd Vollmar: *Das Arbeitsbuch zur Traumdeutung.* Hugendubel Verlag, München 1994

Mark Thurston: *Rückkehr der Traumzeit.* Heyne Verlag, München 1990

Nigel Pennick: *Die alte Wissenschaft der Geomantie*. Dianus Trikont Verlag, Saarbrücken 1982

Nigel Pennick: *Handbuch der angewandten Geomantie*. Neue Erde Verlag, Saarbrücken 1985

Wolf-Dieter Storl: *Der Garten als Mikrokosmos*. Verlag Hermann Bauer, Freiburg 1988

Vänersee

Onegasee

Ladogasee

Verlag Hermann Bauer · Freiburg im Breisgau

Reinhard Lehner

Handbuch der Pendeltafeln

190 Seiten mit 143 Pendeltafeln und 18 s/w-Abb.;
Spiralbindung mit festem Einband; ISBN 3-7626-0511-4

Die Arbeit mit dem Pendel gehört zu jenen Methoden, mit denen man Antworten, Entscheidungshilfen und Hinweise aus dem Unbewußten sichtbar machen kann.

Hier kommt ein Handbuch, das von vielen Therapeuten, Heilpraktikern und an der Arbeit mit dem Pendel interessierten Laien lange erwartet wird.

Das *Handbuch der Pendeltafeln* ist eine lebendig geschriebene Einführung in die Grundlagen des Pendelns. Wichtige Informationen zum geistigen Pendeln und 143 Pendeltafeln bilden den Kern des Buches.

Die Tafelsammlung deckt nahezu alle Anwendungsbereiche ab, die dem Therapeuten oder Pendelpraktiker in der Praxis begegnen oder auch den Laien interessieren: Homöopathie, Akupressur, Aromatherapie, Bach-Blüten, Chakras, Schüßler-Salze, Heilpflanzen etc. Weitere Tafeln gliedern den Körper in verschiedene Bereiche, was zum Auffinden möglicher Krankheitsursachen hilfreich ist. Auch den Nahrungsmitteln widmet Lehner sehr detaillierte Diagrammreihen und ergänzt die Sammlung mit den Bereichen Strahlung und Radiästhesie.

Lehners Tafelwerk ist ein komplettes Pendelbuch und jeder Pendelpraktiker – ob Einsteiger oder »alter Hase« – wird seine Arbeit damit vereinfachen und noch erfolgreicher gestalten können.

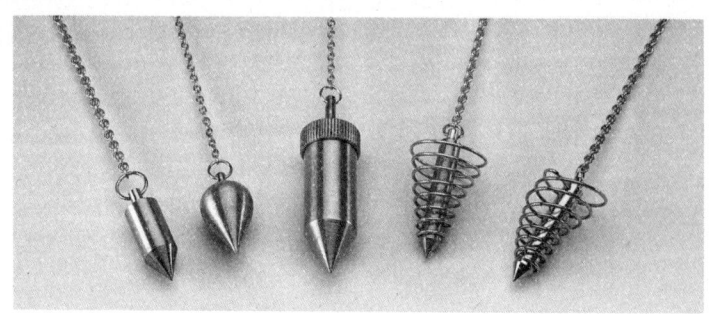

Spezial-Messingpendel
in Senklotform. Für Anfänger und Fortgeschrittene
ein guter Pendel. Für alle Pendelexperimente geeignet. Exakt und leicht im Ausschlag.
Länge 2,5 cm, Gewicht ca. 15 g, Best.-Nr. 2026

Mimosapendel
Sehr empfindlicher Pendel aus Messing. Anwendbar
bei allen Arbeiten im menschlichen, tierischen,
pflanzlichen oder sonstigen Bereich.
Länge 3,5 cm, Gewicht ca. 25 g, Best.-Nr. 2027

Universal-Messingpendel
bestehend aus drei Teilen: Geländependel, Normalpendel und Füllpendel.
Länge zus. 4,5 cm, Gewicht zus. ca. 50 g, Best.-Nr.
2025

Spiralpendel
Experimentell vielfach erprobt, 6-fach verstärkter
Ausschlag – besonders geeignet für sensible Men-
schen zu feinstofflichen und spirituellen Anspre-
chungen.
Länge ca. 4 cm, Gewicht ca. 13 g
Feinsilber – Best.-Nr. 2029
Kupfer   – Best.-Nr. 2030
Messing   – Best.-Nr. 2031

174

Die neue Reihe »... – kurz & praktisch«
im Verlag Hermann Bauer

Helmut Hofmann
Edelsteintherapie – kurz & praktisch
208 Seiten mit 7 Zeichn.; gebunden; ISBN 3-7626-1104-1

Rainer Kakuska
Meditation – kurz & praktisch
204 Seiten mit 15 Zeichn.; gebunden; ISBN 3-7626-1103-3

Ingrid Kraaz von Rohr
Farbtherapie – kurz & praktisch
191 Seiten mit 3 Zeichn.; gebunden; ISBN 3-7626-1102-5

Hans-Dieter Leuenberger
Tarot – kurz & praktisch
205 Seiten mit 78 s/w-Abb.; gebunden; ISBN 3-7626-1100-9

Arie Luijernik/Marian van Staveren
Reiki – kurz & praktisch
170 Seiten mit 26 s/w-Abb.; gebunden; ISBN 3-7626-1105-X

Dagmar Müller
Autosuggestion – kurz & praktisch
192 Seiten; gebunden; ISBN 3-7626-1108-4

Rainer Wilhelm
Feldenkrais – kurz & praktisch
203 Seiten mit 60 Zeichn.; gebunden; ISBN 3-7626-1106-8

Verlag Hermann Bauer · Freiburg im Breisgau